Der Engel in Dantes Göttlicher Komödie

Romano Guardini
Werke

Herausgegeben
von
Franz Henrich

im Auftrag
des Sachverständigengremiums für
den literarischen Nachlaß Romano Guardinis
bei der Katholischen Akademie in Bayern

Sachbereich
Gestalt- und Werkdeutungen

Romano Guardini

Der Engel in Dantes Göttlicher Komödie

Dantestudien. Erster Band

Matthias-Grünewald-Verlag · Mainz
Verlag Ferdinand Schöningh · Paderborn

»Der Engel in Dantes Göttlicher Komödie«
3. Auflage, unveränderter Nachdruck der 2. Auflage,
München: Kösel Verlag, 1951
(1. Auflage, Leipzig 1937)

Die Deutsche Bibliothek – CIP-Einheitsaufnahme
Guardini, Romano:
Werke / Romano Guardini. Hrsg. von Franz Henrich
im Auftr. des Sachverständigengremiums für den Literarischen
Nachlass Romano Guardinis bei der Katholischen Akademie
in Bayern. – Nachdr. – Mainz: Matthias-Grünewald-Verl.;
Paderborn: Schöningh.
NE: Henrich, Franz [Hrsg.]; Guardini, Romano: [Sammlung]

Sachbereich Gestalt- und Werkdeutungen.
Nachdr.
Dantestudien.
Bd. 1. Der Engel in Dantes Göttlicher Komödie. – 3. Aufl.,
unveränderter Nachdruck der 2. Aufl.
München, Kösel, 1951. – 1995
ISBN 3-7867-1863-6 (Matthias-Grünewald-Verlag)
ISBN 3-506-74549-2 (Schöningh)

Gesamtherstellung: Georg Aug. Walter's Druckerei GmbH,
65343 Eltville im Rheingau

Alla memoria di mio padre dalle cui labbra
fanciullo i primi versi di Dante colsi

Inhalt

Vorwort

Diese Arbeit geht der Frage nach, wie die Engel in Dantes großer Dichtung stehen: in welcher Gestalt sie erscheinen, welchen Charakter sie offenbaren, und welcher Art ihr Tun sei. Der Fortgang der Arbeit wird beweisen müssen, daß sie gestellt zu werden verdiente.

Mit dieser inneren Absicht hat sich dann eine äußere verbunden. Seit dem Jahre 1930 beschäftigt mich die umfassendere Frage nach dem philosophischen und christlichen Weltbild der Göttlichen Komödie, welches der Interpretation der Dichtung erst ihre eigentliche Grundlage geben würde. Am Thema des Engels, das zu einem Längsschnitt durch die ganze Dichtung zwingt, sollte für diese größere Arbeit die Methode erprobt und festgestellt werden, ob sie tief genug reicht, um das Wesentliche zu sagen, und feinfühlig genug ist, um den Wendungen und Verzweigungen der Gedanken, Bilder und Formen zu folgen.

Eine besondere Schwierigkeit kommt vom Text. Der Gesichtspunkt, der mich veranlaßte, in meinen Untersuchungen über die Gedankenwelt Dostojewskijs, Pascals und Augustins nach Möglichkeit den Autor selbst zu Worte zu bringen, scheint nach wie vor richtig. Ihn durchzuführen war bei den drei genannten Autoren, die in Prosa schreiben, verhältnismäßig leicht, denn von Dostojewskij lag eine anerkannte Gesamtübersetzung vor; bei Pascal und Augustin durfte ich mich selbst an eine Übertragung wagen. Dante hingegen ist Dichter, und einer der wenigen des höchsten Ranges. Ob sein Werk so rein in die deutsche Sprache übertragen werden kann, daß es ihr eigen wird, wie etwa Shakespeare ihr eigen geworden ist, wage ich nicht zu beurteilen; bis jetzt scheint es noch nicht geschehen zu sein. Das Einfachste wäre also gewesen, den italienischen Text zugrunde zu legen. Dessen Verständnis kann aber nicht so weit vorausgesetzt werden, als der Kreis der Leserschaft reicht, an den sich diese Arbeit wendet. So habe ich, da es mir vor allem auf den Inhalt ankam, zuerst den Versuch gemacht, Reim und Rhythmus beiseite zu lassen und den Gedanken in ganz freier Sprache herauszuholen. Auf diesem Wege ging aber mit der Form nicht nur die Stimmung, sondern auch ein Teil des Inhalts verloren. Da stellte sich durch Zufall, als in den Prosasätzen ohne besondere Absicht der Rhythmus durchdrang, eine Art Zwischenlösung ein. Diese sucht den Gedanken und Bildern möglichst genau zu folgen, zugleich aber etwas von der inneren Schwingung des Originals fühlbar werden zu lassen.

Das Buch hat einen kleinen Umfang, so konnte auch der italienische Text beigegeben werden; aus satztechnischen Gründen in der Weise, daß nur jeweils mit dem Beginn der Terzine eine neue Zeile anfängt, die beiden folgenden Verse aber durch Teilungsstriche angezeigt sind.

Um das Thema richtig durchzuführen, mußte, vor allem bei der Darstellung der Engelsgesichte im *Paradiso*, vieles gesagt werden, was eigentlich nicht unmittelbar zu ihm gehört. Dadurch ist, ebenso ungewollt wie unabweisbar, so etwas wie der Entwurf einer Interpretation der *Divina Commedia* überhaupt entstanden. Der Titel hat also, streng genommen, den Sinn, die Stelle anzuzeigen, von welcher aus dieser Entwurf gesehen ist.

I. Die innere Figur der Göttlichen Komödie

Wer nach eindringlichem Lesen auf die *Göttliche Komödie* zurückblickt, sieht, wie sich vor seinen Augen das Bild einer ungeheuren Wanderung abzeichnet.

Das hilft ja überhaupt zum tieferen Besitz einer Dichtung: zurückzublicken und ihre Grundgestalt herauszuschauen – gleich als wäre man durch ein Bergland gewandert, hätte Weiden und Wälder, Schluchten und Höhen gesehen und bekäme von einem letzten Gipfel aus die Grundform, »das Zeichen«, wie Hölderlin sagen würde, des ganzen Gebirgswesens vor die Augen ... Wer so die Göttliche Komödie durchlebt hat; den Einzelnen und den Scharen begegnet ist; das Dunkel und die Qual, aber auch die wachsende Befreiung und die Unendlichkeit des Lichtes erfahren hat und sich zurückwendet, sieht die Linie einer durch alle Reiche des Daseins führenden Wanderung, die zusammenfaßt, was Welt und Menschenleben heißt. Die *Ilias* erscheint wie ein großes Wogen. Ihren Inhalt nicht nur, sondern auch ihr »Zeichen« bildet der lange Kampf um die Stadt. Dessen Wellengang ist so mächtig, daß der Leser gar nicht daran denkt, eigentlich werde da eine bloße Episode aus den Kämpfen um Troja, nämlich der »Zorn des Achilleus« erzählt; unwillkürlich sieht er in der Dichtung den ganzen Krieg, und die Schicksale der Helden, und All-Griechenland leuchtet ringsumher ... Die Figur der *Aeneis* ist Auszug und Gründung, von den Mächten der Fügung und des frommen Gehorsams bestimmt. Alles ist karg; Menschengestalt und Ereignis sind streng umrissen, und aus ihnen geht die ungeheure Geschichtlichkeit des römischen Reiches hervor ... Der *König Lear* steht wie ein Block Schicksal da. Schon in den ersten Szenen ist für den belehrten Blick alles enthalten, und der Fortgang bedeutet nur die unbeirrbar sich vollziehende Entfaltung ... Blickt man aus der Entfernung des Erinnerns über die Göttliche Komödie hin, dann sieht man den Menschen Dante, wie er, um seines Heiles willen, unter Anspannung seiner ganzen Kraft die Hölle hinabsteigt, den Berg der Läuterung erklimmt und durch alle Himmel gehoben wird; wie er durchlebt, was es an Schuld, Leid, Größe, Gnade und Herrlichkeit gibt, bis sein Weg in einer letzten, plötzlich sich ereignenden Erfüllung schroff endet.

Aber wir wollen noch sorgfältiger sein; die schönen Dinge offenbaren ja erst dann ihre ganze Schönheit, wenn sie genau gesehen werden: Auch die *Odyssee* ist Wanderung, Fahrt. Wohl vom Verhängnis bestimmt und von der Schwere des Heimwehs erfüllt, trotzdem von aller Lust des Abenteuers durchweht. Denn jenes Schicksal ist eben doch das des Odysseus, des Urvaters Aller, die ins Offene ziehen; und das Heimweh ist nur der eine Zug im Atem seines Wesens, der andere aber das Verlangen in die Weite der Welt … Die Wanderung Dantes hingegen ist in keiner Weise Abenteuer, sondern tiefster Ernst. Bei ihr geht es um das ewige Schicksal der Person. Über ihr steht Huld und Erlaubnis, aber auch Gottes Gerechtigkeit und unabdingbare Forderung. So ist alles in ihr gesammelt und straff. Nirgendwo ruhiges Schweifen oder erregtes Entdecken. Immerfort drängt es: »Weiter! Die Zeit ist kurz!« Mit Recht hat man bemerkt, das Werk hinterlasse den Eindruck einer Anspannung, die trotz der immer größer werdenden Weite immerfort wächst, so daß der unerhörte Schluß, der ja in aller Dichtung nicht seinesgleichen hat, zugleich wie das Ende der Kraft erlebt werde. Nach den letzten Versen des dreiunddreißigsten Himmelsgesanges ist wirklich alles am Ende, Gegenstand und Kraft – aber auch alles erfüllt. Von diesem Ende her wird das ganze Geschehen der Göttlichen Komödie gerufen und bestimmt.

Eine mächtige Bewegung geht durch das Werk. Sie entspringt aber nicht im persönlichen Willen des Wandernden selbst – richtiger gesagt, auch in ihm; aber nur, weil sie zuerst im Willen Gottes entspringt.

Der Vorgang setzt in dem Augenblick ein, da Dante mit tödlicher Verstrickung kämpft. Nach dem Hingang Beatrices ist er von dem hohen Gebot, das ihre Liebe für ihn bedeutet hat, abgefallen. Mit ihrem Bilde hat er auch das eigene verlassen, und der Sinn seines Daseins droht ihm zu entgleiten. Das ist der dunkle Wald des ersten Gesanges. Die nächste Gefahr vermag er zu überwinden: aus dem Walde arbeitet er sich heraus. Den leuchtenden Berg aber, die Höhe seiner Bestimmung zu gewinnen, hindern ihn die Dämonen des Bösen, die sich ihm von außen entgegenwerfen, zugleich sich aber auch in seinem eigenen Innern erheben. Da erscheint Vergil; für ihn Meister der Dichtung und Schöpfer des Mythos Roms, und bringt Botschaft: Dante kann den Gipfel des Berges – Gott, und in Gott Beatrice und sein eigenes Heil – nicht unmittelbar erreichen. Das Böse steht dazwischen und muß aufgearbeitet werden. So führt der Weg zu Dantes Eigenstem nur durch die größte Ferne: die Welt. Dante muß das ganze Dasein durchmessen, freilich so, wie es in der Ewigkeit ist. Er muß die Hölle, den Berg der Reinigung und die Ordnung der Himmel durchwandern, um dort Geschichte und Menschenleben anzutreffen; aber nicht mehr »in Rätsel und Gleichnis« eingeschlossen, sondern von Gott gerichtet und damit offenbar geworden.

Die Botschaft bedeutet Gnade. Aus Eigenem tut niemand den Schritt über die Grenze. Es zu versuchen, wäre Phantastik oder Magie. Wirklich vollzieht ihn nur, wer stirbt oder wem die Vision gewährt wird – jene Vision, die nicht nur im betrachtenden Schauen, sondern im inneren Tun und Werden vollzogen werden muß.[1]

So steht Dante vom ersten Augenblick unter Führung und Befehl. Von ihm selbst her ist der Berg verloren; aber ein Bote

[1] Der Begriff der Vision ist für das Verständnis der Göttlichen Komödie grundlegend, doch kann er hier nicht erörtert werden. Siehe die Skizze: »Vorbereitung auf Dante«, in dem Bande: Guardini, Unterscheidung des Christlichen, Mainz 1935, S. 434 f. [Dann in: Landschaft der Ewigkeit. Dantestudien, Band 2, München 1958, S. 247-254]. Ausführliches muß der geplanten Arbeit vorbehalten bleiben.

kommt, verheißt Rettung und fordert ihn auf, zu folgen: Vergil (I 1, 61–63).[2]
Vergil nun erzählt, daß zu ihm wiederum ein Bote gekommen ist: Beatrice (I 1, 52–75). Sie – überirdisches Wesen und doch ganz Mensch; in die Liebe Gottes eingetaucht und doch ihren Freund so liebend, daß sich ihre, der Seligen, Augen mit Tränen füllen, während sie »mit süßer und leiser Stimme« von seiner Not spricht (I 1, 116) – Beatrice ist zu Vergil in die Tiefe hinabgestiegen und hat ihn gebeten, er möge helfen. Aber auch Beatrice macht sich nicht nur aus dem persönlichen Antrieb der liebenden Frau auf den Weg, sondern ist ebenfalls gesendet: von Lucia, der syrakusanischen Jungfrau und Martyrin, die Dante sehr verehrt und als Verkörperung der von oben kommenden lichten Macht gesehen hat, welche den Willen bewegt: die Gnade (I 1, 97–102). Lucia ihrerseits kommt im Auftrag der Mutter des Herrn (I 1, 94–99). Dieser Auftrag aber hat nur gegeben werden können, weil Maria, die Fürbitterin für alle menschliche Not, »den Spruch der ewigen Gerechtigkeit durch die reine Macht ihrer Fürbitte gebrochen« hat – und nun stehen wir am Anfang, hinter den es nicht mehr zurückgeht: am Geheimnis des göttlichen Ratschlusses, so geschildert, daß er wie in unendlicher Ferne liegt, drüben, droben, drinnen.
Aus diesem, vom Walde und seiner Not unerreichbaren Jenseits; aus der aller irdischen Macht entrückten, nur in sich selbst urspringenden Freiheit Gottes kommt die andere Bewegung – nein, die erste, weckende, schöpferische. Und zwar nicht unmittelbar, einstrahlend, berührend, sondern vermittelt, durch Personen. Ein Gesendeter um den anderen wird selbst zum Sendenden und gibt die Weisung weiter. Eine Kette helfender Hände schließt sich und reicht von der Unzugäng-

[2] Die Texte nach der kritischen Ausgabe der italienischen Dantegesellschaft: Le opere di Dante … a cura di M. Barbi usw. Florenz MCMXXI. – In den Stellenangaben bedeutet die lateinische Zahl den betr. Hauptteil: Inferno [Hölle], Purgatorio [Läuterungsberg] und Paradiso [Himmel]; die erste deutsche den Gesang, die folgenden die Verse. Also z. B. I 1, 61–63: Inferno, erster Gesang, 61.–63. Vers.

lichkeit der Gottestiefe in die Gegenwart des Ortes, der Stunde, der Not dieses Menschen herein. Daß Dante in den Schrecken des Waldes nicht untergeht, ist schon Gnade. Was er da erlebt: daß er wie ein Schiffbrüchiger mit versagenden Kräften gerade noch ans Ufer gelangt, bildet die irdisch sichtbare Erscheinung eines verborgenen Geschehens, das aus dem Geheimnis Gottes durch die heilige Kette liebender Dienste zu ihm gelangt. Die Überwindung der großen Gefahr ist ein Ganzes, aus dem Zusammenhang der Sendungen und dem Ringen im Walde bestehend.

Was von Gott kommt, wirkt dann immer weiter. In jedem Augenblick der Wanderung kann Dante nur deswegen auf sein Ziel zustreben, weil er gerufen ist und getragen wird. Das drückt sich vor allem in den Führungen aus. Nie geht er allein; und nicht weil er schwach wäre – christlich unselbständig im Unterschied zur Kühnheit eines Helden – sondern weil der Mensch um so reiner er selbst wird, je stärker die Gnade in ihm waltet. Darin aber, wie er es mit der Gnade wagt, liegen Heldentum und Kühnheit, soweit diese Begriffe hier nicht ihren Sinn wandeln.

Die Hölle hinab führt Vergil; bis auf die Sohle der Sünde. Er führt durch die letzte Umwendung, die sich in der vollen Erkenntnis des Bösen vollzieht, und den Schacht der Mühsal hinauf, die auf diese Umkehr folgt. Endlich die Stufen des Läuterungsberges hinan, wo der Wanderer sieht, wie in der Form der Buße das Gute ins Sein geht. Nach dem Schritt durch den Feuerwall gibt Vergil ihn frei: Dante ist nun mündig und vermag vor Beatrice Rechenschaft abzulegen (II 27, 127–141). Nach dem lieblichen Zwischenspiel in der Freiheit des irdischen Paradieses, wo Dante mit Matelda geht, die wie die Verkörperung des heiligen Gartens ist (II 28, 37–29, 15 und wieder 31, 91–105), beginnt wieder Führung: Beatrice hebt ihn von einer Himmelssphäre zur anderen, bis ins Empyreum, den Raum der reinen Transzendenz. Dort kehrt sie zu ihrem Ort zurück, und neben ihn tritt Bernhard, der Meister der Kontemplation (III 31, 55–69). Dieser erfleht dem Vollendeten die Fürsprache der Himmelskönigin, durch welche ihm die letzte Erkenntnis wird – welche Erkenntnis sich aber wiederum nicht in der Form eigenen Durchbrechens vollzieht, sondern so, daß ihm der Blitz in den Geist schlägt (III 33).

Die Bewegung des Wandernden kann nur deshalb vor sich gehen, weil ihm die der Gnade entgegengekommen ist und immer weiter entgegenkommt.

Jene verwirklicht sich an jeder Stelle aus dieser heraus, ohne deswegen den Charakter bloßen Getragenwerdens anzunehmen, vielmehr steht Dante selbst bis zur letzten Kraft in ihr.

Die Wanderung geht von der Erde aus und dem Himmel zu. Schön wird geschildert, wie Dante kurz vor dem letzten Überschritt weit unten die Erde liegen sieht (III 22, 133–153). Immer bleibt der Ausgangspunkt zu fühlen. Immer ist es geschichtliche Wirklichkeit, die ihn umgibt, freilich in die Ewigkeit eingegangene. Immerfort empfindet man den großen Zug der Menschen aus der Zeit in die Ewigkeit, denn all die Unzähligen, denen Dante begegnet, sind ja von der Erde gekommen. Zugleich aber dringt immerfort neu der Himmel dem Voranstrebenden entgegen und holt ihn herüber.

Dieses Vorstoßen des Himmels drückt sich in besonderer Weise in jenen Gestalten aus, die uns hier besonders beschäftigen sollen: in den Engeln.

II. Der himmlische Bote vor der Höllenstadt

Sie stehen nicht unmittelbar im Geschehen der Göttlichen Komödie; dennoch gehören sie zu ihm, fördern es und bringen in bestimmten Augenblicken wichtige Entscheidungen. Sie umgeben das Schicksal Dantes mit einer Sorge, die anfangs kaum hervortritt, dann aber immer deutlicher wird. Diese Sorge richtet sich aber nicht in persönlicher Verbundenheit auf ihn als diesen bestimmten Menschen, wie das von seiten Vergils und Beatrices geschieht; für sie bedeutet er vielmehr einen Teil des großen Menschenschicksals überhaupt. Ihre Aufmerksamkeit gilt der Vollendung des Gottesreiches, und Dante gehört an wichtiger Stelle hinein.

Zum ersten Male begegnet uns ein Engel im neunten Gesang des *Inferno*.

Dante und Vergil haben auf ihrer Wanderung die obere Hölle durchschritten, die mit ihren fünf Kreisen das Böse der Leidenschaft umschließt. Dann setzt Phlegias sie über den Styx, den furchtbaren Sumpf, der sich um die Mauer der Stadt des Dis legt (I 8, 10–81). Diese »Stadt« ist die *»civitas diaboli«*, in welcher das Böse des Charakters büßt. Dämonen halten, wie Krieger einer belagerten Festung, die metallenen Mauern besetzt und verweigern den Eintritt. Vergil sucht sie umzustimmen, es gelingt ihm aber nicht. Die Tiefe will nicht durchdrungen sein – die des objektiven Bösen, das hier zur Landschaft und Weltgestalt geworden ist und sich gegen das Eindringende verschließt; aber auch die in Dantes eigenem Innern (I 8, 82 ff) … Wer die Göttliche Komödie liest, muß sich immer gegenwärtig halten, daß Dantes Wanderung ein Weg in der Vision ist. Was ihm begegnet, begegnet ihm als Gesicht. In dessen Gestalten zeigt sich ihm die Wirklichkeit des Menschendaseins, wie es vor Gott enthüllt und gerichtet ist, damit er daran sich selbst deutlich werde und das Heil finde. Was draußen, ist zugleich in ihm drinnen. Was, göttlich enthüllt, vor ihm steht, spricht: »Ich bin Du«. Im Maße er die Gestalten des Bösen und ihre Verworfenheit miterlebt, erlebt er sein eigenes Böses und erfährt das Gericht, das Gott darüber spricht … Wenn sich also die Höllenstadt zuschließt, so ist das zuerst die Verschlossenheit des Bösen als Daseinsmacht, die zwar an dieser Stelle besonders hervortritt, aber durch den ganzen Raum der Hölle waltet. Nirgendwo ist die Bewegung des Wanderers ein bloßes Hinuntersteigen; immer ein Hinabdringen gegen den Widerstand der Tiefe, der sich ihm als Grauen entgegenwirft. Der Widerstand kommt aber auch aus ihm selbst. Auch das Böse in seinem eigenen Herzen will nicht durchdrungen sein. Dante ist durch die obere Hölle gegangen; hat dort die Bilder der ungezügelten Leidenschaft geschaut und an ihnen sich selbst erkannt – nun steht er vor dem eigentlichen Bösen, dem des Geistes: der Lüge, dem Stolz, der Empörung, dem Verrat. Das ist auch in ihm selbst und wehrt sich gegen Licht und Blick. Draußen also und drinnen erheben sich die eisernen Mauern und schließen sich die für bloßen Menschenwillen unaufbrechbaren Tore.

Auf den Zinnen erscheinen die Erinnyen. Sie drohen, Medusa zu holen: die werde ihn zu Stein erstarren machen. Die Gefahr ist so groß, daß Vergil ihm zuruft, er solle sich umwenden und die Augen schließen; ja selbst noch die Hände darüberlegt, damit das Bild des Entsetzens sie ja nicht berühre. Die Erinnyen sind die Mächte des Schuldgefühls mit seinen bösen Möglichkeiten; »Medusa« aber die Verzweiflung, welche aus der Erkenntnis der Schuld kommt und die Hoffnung tötet. So soll gerade das vereitelt werden, um dessentwillen Dante zur Tiefe hinabsteigt. Menschenmacht kommt nicht weiter. Auch jene Gnade, die im ersten Ruf lag und sich in der Person Vergils ausdrückte, reicht nicht aus.[3]

[3] Vergil bedeutet nicht, wie meistens gesagt wird, die Verkörperung der natürlichen Vernunft und des natürlichen Guten, sondern er dient der Gnade. Die Hölle ist nichts »Natürliches«, und durch sie zu führen, keine Leistung ir-

Auf dem Wege durch die Göttliche Komödie wiederholt sich diese Situation immer wieder. Sie offenbart etwas Letztes nicht nur vom Weltbild des Dichters, sondern auch von der inneren Form seines Werkes. Für ihn stehen Dinge und Bereiche nicht im einfachen Fortgang. Man kann nicht ohne weiteres vom einen zum anderen, von unten nach oben, vom Anfang zur Vollendung gelangen. Immer wieder klaffen qualitative Brüche; kommt ein Vorstoß ans Ende; ist eine Rangstufe abgeschlossen. Soll die Bewegung weitergehen, dann muß etwas herüberkommen; von der anderen Seite her; von der höheren Ebene herab. Philosophisch gesprochen bedeutet das die aristokratische Auffassung des Daseins, die sich zur tragisch-pessimistischen verdichten kann; theologisch das Weltbild der Gnade. Und nicht einer gefühlsmäßigen oder dichterischen, die alles zu »Gnade« macht und damit ihr Wesen aufhebt, sondern der echten, worin die Gnade Wirklichkeit ist, Wirklichkeit aber auch – dieses »auch« gehört hierher, obwohl es in einem letzten Sinne falsch ist, denn es wahrt die Unterschiede – Wirklichkeit also auch die Natur; so daß immer wieder die Bewegung an den Rand gelangt, und die Krise eintritt.
Das geschieht hier, und zwar an wichtigster Stelle. Dante ist ohnmächtig. Aber auch Vergil weiß keinen Rat mehr und kann nur auf Hilfe warten. Dann heißt es:

Schon kam über die trüben Fluten ein Tosen eines Tones voll Entsetzen, und von ihm bebten beide Ufer. Nicht anders war er, als von einem Wind, heftig geworden durch den Widerspruch von Hitz' [und Kälte], der in den Wald einfällt und, ohne daß ihn etwas halten könnte, die Äste bricht, zu Boden schlägt und sie hin-

discher Weisheit. Vergil ist das Dasein, sofern es an das Reich Gottes angrenzt; die Natur gerade darin, daß sie inne wird, sich nicht zu genügen. Vergil ist Advent, freilich in einer Hoffnungslosigkeit, die dem Dichter durch den mittelalterlichen Objektivismus auferlegt war. Ein Wesen, das so bis auf den Grund in der Bereitschaft vor Gott stünde wie Dantes Vergil, könnte nicht vom Heil ausgeschlossen sein. Er ist eine wunderbar lebendige, aber christlich unmögliche Gestalt. Ihr Geheimnis besteht zum Teil gerade darin, daß der Leser für sie von den Theologen an den lebendigen Gott appelliert.

austrägt. In Staub gehüllt zieht er stolz seines Wegs und jagt wildes Getier und Hirten [mit ihren Herden] vor sich her.
Da gab [der Meister] mir die Augen frei und sprach: »Nun spann' den Nerv des Blicks über den alten Schaum hinüber, dorthin, wo jener Rauch am dichtesten ist!«
Gleichwie die Frösche alle vor dem Feind, der Schlange, hin durch das Wasser auseinanderstieben, bis jeder sich am Ufer angeklammert hat – so sah ich mehr als tausend der zerstörten Seelen fliehn vor Einem, der gehnden Fußes durch den Styx mit trockner Sohle schritt. Vom Antlitz wehrte er die fette Luft, indem er öftermals die Linke dran vorüberführte, und das erschien die einzige Beschwerde, die ihm lästig wurde.
Ich merkte wohl, er war vom Himmel hergesandt, und wandte mich zum Meister; doch der winkte nur, ich möge ruhig sein und mich vor Jenem neigen.
O wie erschien er mir verachtender Entrüstung voll! Zum Tore kam er, und mit einer leichten Gerte tat er es auf, und war nichts, das ihm widerstanden hätte.
»Vom Himmel Ausgestoßene, verachtet Volk«, begann er auf der grauenvollen Schwelle, »wo nimmt die Frechheit in euch ihren Mut? Was schlagt ihr aus gegen den Willen, dem nie sein Ziel genommen werden kann, und der euch schon des öftern [da ihr widerstandet] die Qual gemehrt? Was hilft's, gegen das Schicksal anzurennen? Cerberus, der Eure, trägt, so ihr euch wohl erinnert, [von dem Versuch] noch jetzt sein Kinn und seine Kehle der Haare bloß!«
Dann wandt' er sich den kot'gen Weg zurück und sprach zu uns kein Wort, sondern schien wie ein Mann, den andre Sorge drängt und quält, als die von dem, der vor ihm steht.
Und wir bewegten unsre Füße [vom Ufer weg] ins Land hinein, nun, nach den heilgen Worten, in Sicherheit. (I 9, 64–103)

(I 9, 64–103):
E già venia su per le torbid'onde / un fracasso d'un suon pien di spavento, / per che tremavano amendue le sponde,
non altrimenti fatto che d'un vento / impetuoso per li avversi ardori, / che fier la selva e sanz'alcun rattento

Zum erstenmal der Engel. Jedes Engels Wesen ist Liebe; aber solche, die Wahrheit ist und Gottes Liebe mitvollzieht. Von dieser hat es am Höllentor geheißen, daß sie den Ort der Verlorenheit geschaffen habe (I 3, 6). Es ist höchste Liebe, dem Geschöpf die Möglichkeit der Gottesgemeinschaft zu öffnen. Diese aber geht durch die Freiheit, und Freiheit bedeutet Entscheidung zwischen Heil und Unheil. In der Hölle hat die Wahl sich zum Bösen gewendet; so nimmt Gottes Liebe hier die Form der Verwerfung an, und diese drückt sich in der Erscheinung des Engels aus.

Er hat etwas Unrührbares, Mitleidloses. Zuerst, da Dantes Augen bedeckt sind, wird seine Erscheinung nur mit Bildern schreckenerregender Naturlaute, dann, wie sie wieder sehen können, mit Blickbildern geschildert.

Der Engel ist furchtbar, wie mit göttlicher Macht geladen; zugleich von verachtender Lässigkeit. Er löst die für Dante und Vergil unüberwindliche Situation ohne Mühe, indem er das Tor mit einer leichten Gerte berührt – *»una verghetta«*, sagt der

---

li rami schianta, abbatte e porta fori; / dinanzi polveroso va superbo, / e fa fuggir le fiere e li pastori.

Li occhi mi sciolse e disse: »Or drizza il nerbo / del viso su per quella schiuma antica / per indi ove quel fummo è più acerbo.«

Come le rane innanzi a la nemica / biscia per l'acqua si dileguan tutte, / fin ch'a la terra ciascuna s'abbica, vid'io più di mille anime distrutte / fuggir così dinanzi ad un ch'al passo / passave Stige con le piante asciutte.

Dal volto rimovea quell'aere grasso, / menando la sinistra innanzi spesso; / e sol di quell'angoscia parea lasso.

Ben m'accorsi ch'egli era da ciel messo, / e volsimi al maestro: e quei fè segno / ch'i' stessi queto ed inchinassi ad esso.

Ahi quanto mi parea pien di disdegno! / Venne a la porta, e con una verghetta / l'aperse, che non v'ebbe alcun ritegno.

»O cacciati del ciel, gente dispetta« / cominciò elli in su l'orribil soglia / »ond'esta oltracotanza in voi s'alletta?

Perchè recalcitrate a quella voglia / a cui non può il fin mai esser mozzo, / e che più volte v'ha cresciuta doglia?

Che giova ne le fata dar di cozzo? / Cerbero vostro, se ben vi ricorda, / ne porta ancor pelato il mento e'l gozzo.«

Poi si rivolse per la strada lorda, / e non fè motto a noi, ma fè sembiante / d'omo cui altra cura stringa e morda

che quella di colui che li è davante; / e noi movemmo i piedi inver la terra / sicuri appresso le parole sante.

Text mit einem der eigentümlichen Danteschen Diminutiva. Und wie er aus der göttlichen Entrücktheit vorgestoßen, entschwindet er wieder, ohne die beiden Wanderer eines Wortes zu würdigen.
Der neue Ansatz ist nun da; die neue Stufe – hier Stufe nach unten, ins Böse – gegeben.

III. Der Geleiter zur Insel der Läuterung

Im *Inferno* erscheint ein Engel nur dieses einzige Mal. Um so öfter im *Purgatorio*; und zwar haben die Engelsgestalten dort eine tief berührende Nähe. Unsäglich schön, sind sie ganz zu den Menschen hergewendet und tun an ihnen einen heiligen Dienst. Sie lieben den Menschen mit jener besonderen Liebe, die den sehr Leidenden geschenkt wird. Die Leidenden sind aber Gottes Söhne; so ist das Lieben und Helfen der Engel ehrfürchtig. Und es ist ganz unsentimental, ohne jede Nachsicht, denn es geht um die Wahrheit der Buße.

Der Vorgang, der das *Purgatorio* erfüllt, muß wohl erfaßt sein, wenn die Lebendigkeit verstanden werden soll, die gerade diesen Teil der Dichtung erfüllt. Die Seelen des *Inferno* haben sich gegen Gott oder doch nicht für Gott entschieden; so sind sie böse und unselig, ganz und für immer. Die des *Paradiso* haben sich für Gott entschieden, sind im Guten vollendet, und ihr Dasein ist selig in der ewigen Gemeinschaft mit Gott. Wie steht es aber mit denen auf der Halde und den Terrassen des Läuterungsberges? In ihrer Gesinnung sind sie gut, denn sie haben Gott gewählt. Diese Gesinnung ist aber nur erst zum Teil Wirklichkeit geworden. Daß einer die Wahrheit sagen will, bedeutet noch nicht, daß er auch wahrhaftig sei. Wahrhaftig wäre er, wenn nicht nur seine Absichten und Worte, sondern auch seine Vorstellungen, Empfindungen und Triebe in der Wahrheit stünden; wenn sein Wesen bis in die Wurzeln des Unbewußten hinab von dieser bestimmt wäre; wenn er in der Form der Wahrheit existierte. Die gute Gesinnung soll Wirklichkeit werden; Tat, Werk, Lebensgestalt. Das ganze Bestehen soll von der Gesinnung durchlichtet und gesättigt sein. Das ist aber bei diesen Seelen nicht der Fall … Außerdem: Wenn der Mensch etwas Unrechtes getan oder etwas Gesolltes versäumt hat und sich bereuend zu Gott wendet, dann ist wohl der Freiheitskern wieder zum Guten bestimmt, das Geschehene aber damit nicht ausgelöscht. Das Getane sitzt im Sein; das Versäumte fehlt in der Lebensgestalt … Von diesen Zusammenhängen her wird verständlich, was Ort und Zustand der Läuterung bedeuten. Zu Gott kann nur kommen, wer rein und gut ist. Gewiß schenkt Er diese Reinheit und Gutheit, denn sie sind Gnade; die Gnade soll sich aber nicht wie ein Gewand um einen Kern legen, der seinsmäßig unheilig bleibt. Sie soll nicht für recht erklären, was im Sein verkehrt ist oder darin fehlt. In Sein und Wahrheit soll der Mensch recht werden. Also muß die Heiligkeit, die als Gnade von Gott kam und in der Bereitschaft des Glaubens von der Gesinnung aufgenommen wurde, den Schritt in das Sein vollziehen. Sie muß verwirklicht werden. Was unrecht getan war, muß in irgendeiner Weise umgetan; was versäumt war, muß nachgeholt; was falsch gemacht war, muß neu aufgenommen und richtiggestellt werden. Von dieser Einwirklichung des Guten, von dieser Umschaffung des Falschen wird dem Menschen nichts geschenkt; und was er davon nicht in freiem Tun und Werden vollbracht hat, »solange noch Zeit war«, muß er in der Ewigkeit durch die Buße nachholen. Dann sieht er, der »nicht mehr wirken kann«, in der absoluten Klarheit des Gottesgerichtes, was ist und was sein sollte. Er nimmt Partei gegen sich selbst. Das Leiden, das aus dem Widerspruch kommt, tritt an Stelle des Tuns. In geheimnisvollen, bis auf den Grund gehenden Schmerzen trägt er den Zustand aus, und darin vollzieht sich Einwirklichung und Umwerden.

So waltet im *Purgatorio* eine absolute Unerbittlichkeit. Nur aus der Wahrheit kann Wirklichkeit werden. Jedes Wegsehen oder Durchgehenlassen würde zu neuem Schein und Widerspruch. Über dieser Strenge aber erhebt sich unendliche Hoffnung; denn jeder Augenblick bringt dem Wahrsein in Gott, der Vollendung des ewigen Lebens näher. Darum leuchtet ein unsägliches Lächeln in dem schmerzvollen Antlitz des *Purgatorio*. Eine beständige Verwirklichung von Heiligkeit geschieht da; eine fortwährende Bewegung aus der Gesinnung ins Sein, und

drückt sich in dem Aufstieg aus, der sichtbar vom Fuße des Berges zu seinem Gipfel geht.
Diesem Geschehen dienen die Engel, und es kann nichts Schöneres gedacht werden, als der in Ehrfurcht, Mitleid und unbestechlicher Wahrheitsstrenge zugleich geschehende Dienst der heiligen Wesen an ihren büßenden Menschengeschwistern.

Ein Engel erscheint schon gleich zu Beginn des Aufstiegs durch das *Purgatorio.*
Um den Zauber zu fühlen, der über dem ganzen zweiten Teil der Göttlichen Komödie liegt, muß man sich die Landschaft vor Augen bringen: Den Berg auf einer Insel des südlichen Meeres; in wolkenlos reiner Luft und von jenem Sonnenlicht umflossen, das die sizilischen Küsten verwandelt. Es ist die Höhe über dem Meer, die für Nietzsche so viel bedeutete, hier aber ganz ins Christlich-Heilige aufgenommen. Diese Weite leuchtet um so herrlicher, als ihr ja der Abstieg durch das böse Grauen des *Inferno* vorausgegangen ist, der in immer hoffnungslosere Abgründe und Verschlossenheiten, bis auf die Sohle der kalten Erstarrung geführt hat; dann die geheimnisvolle, wirklich das Dasein umkehrende Wende in der Mitte der Welt, an der Gestalt Satans, vollzogen worden ist; endlich der Wanderer sich durch den engen, von den Wassern der letzten Sündigkeit durch die Erde gefressenen Schacht mühsam hinaufgearbeitet hat ... Über dieser Bedrängnis öffnet sich nun die Weite.

Die Zeit aber ist erste Frühe; die Stunde aller Verheißung. Auf dem Wasser liegt der blasse Schimmer, welcher der Morgenröte vorausgeht. Dann heißt es:

Wir standen noch am Strand des Meeres,wie Menschen tun, die ihren Weg bedenken; die mit dem Herzen [schon] dahingehen und leiblich noch verweilen – da, wie beim Nahn des Morgens tief im Westen über dem Meeresspiegel durch die dichten Dünste rot der Mars herüberstrahlt,also erschien mir – möge ich es wiedersehn! –

ein Licht, so schnell über das Meer herkommend, daß kein Flug es seiner Eile gleichtut.
Als ich mein Auge [nur] ein wenig von ihm abgewendet hatte, um meinen Führer zu befragen, sah ich's [schon] leuchtender und größer wieder. Alsdann erschien auf seinen beiden Seiten mir etwas Weißes, ich wußt' nicht, was es war, und unter ihm kam nach und nach ein Drittes vor.
Mein Meister redet' noch kein Wort, als [schon] die ersten beiden weißen Schimmer als Flügel deutlich wurden. Wie er den Fährmann aber recht erkannte, rief er: »Rasch, rasch, sieh, daß du deine Knie beugest! Der Engel Gottes ist's! Falte die Hände! Von nun an wirst du [nur] Gesinde solcher Art erblicken! Sieh, er verschmäht menschliches Werkzeug, also daß er [für seine Fahrt] zwischen so fernen Küsten kein Ruder will und auch kein anderes Segel, als seine Flügel. Sieh, wie er sie steilauf zum Himmel spannt, und mit dem ewigen Gefieder, das nicht, sterblichen Hüllen gleich, ausfällt, die Lüfte schlägt!«
Dann, als der Gottesvogel mehr und mehr zu uns herankam, wurd' er heller – so sehr, daß in der Nähe das Aug' ihn nicht ertrug, und ich es niedersenkte. Er aber kam zum Ufer mit einem schlanken und so leichten Schifflein, daß nichts davon das Wasser einschlang.
Es stand am Heck der überirdische Fährmann, so gestaltet, daß »Seligkeit« ihm eingeschrieben schien, und mehr als hundert Geister saßen drinnen. »Beim Auszug Israels aus Ägypten« sangen sie insgesamt mit gleichen Stimmen, und dann weiter, soviel in jenem Psalme[4] noch geschrieben steht.
Dann macht' er über sie das Zeichen des heilgen Kreuzes, und darauf warfen alle sich auf den Strand hinaus; er aber zog davon, so schnell, wie er gekommen. (II 2, 10–51)

(II 2, 10–51):
Noi eravam lunghesso mare ancora, / come gente che pensa a suo cammino, / che va col cuore e col corpo dimora.

[4] 113, 1; Zählung der Vulgata.

Der Leser sieht mit Augen, wie der »Gottesvogel« von fernher über das Meer kommt, das zart im ersten Frühlicht liegt. Das Antlitz wird immer leuchtender; »das Weiße« rechts und links davon, die Flügel, und ebenso »das Helle darunter«, das Gewand, immer deutlicher. Er steht hoch am Heck des leichten Kahns, den keine Last beschwert, und der, vom mächtigen Schlag der Engelsschwingen getrieben, geisterschnell über die schimmernden Wellen gleitet. Bald ist das Licht des Engelantlitzes für Dantes Auge nicht mehr zu ertragen, und sein ganzes Wesen offenbart sich als »so schön«, daß »ihm die Seligkeit ins Wesen geschrieben scheint«. Am Ufer segnet er die Seelen, die er herübergebracht hat, und entschwindet übers Meer.
Es ist der Fährmannsengel, der das Seelenschiff von der Mündung des Tiber, wohin sich die im Guten Dahingegangenen aus aller Welt sammeln, zum Ort der Läuterung bringt. Eine Gestalt von überirdischer Reinheit und göttlicher Kraft.

Ed ecco qual, sul presso del mattino, / per li grossi vapor Marte rosseggia / giù nel ponente sovra'l suol marino, cotal m'apparve, s'io ancor lo veggia, / un lume per lo mar venir sì ratto, / che'l mover suo nessun volar pareggia.
Dal qual com'io un poco ebbi ritratto / l'occhio per domandar lo duca mio, / rividil più lucente e maggior fatto.
Poi d'ogne lato ad esso m'apparìo / un non sapea che bianco, e di sotto / a poco a poco un altro a lui uscìo.
Lo mio maestro ancor non fece motto / mentre che i primi bianchi apparser ali: / allor, che ben conobbe il galeotto, gridò: »Fa, fa che le ginocchia cali: / ecco l'angel di Dio: piega le mani: / omai vedrai di sì fatti officiali.
Vedi che sdegna li argomenti umani, / sì che remo non vuol nè altro velo / che l'ali sue, tra liti sì lontani.
Vedi come l'ha dritte verso il cielo, / trattando l'aere con l'etterne penne, / che non si mutan come mortal pelo.«
Poi, come più e più verso noi venne / l'uccel divino, più chiaro appariva; / per che l'occhio da presso nol sostenne,
ma chinail giuso; e quei sen venne a riva / con un vasello snelletto e leggiero, / tanto che l'acqua nulla ne'nghiottiva.
Da poppa stava il celestial nocchiero, / tal che parea beato per iscripto; / e più di cento spirti entro sediero.
»In exitu Israel de Aegypto« / cantavan tutti insieme ad una voce / con quanto di quel salmo è poscia scripto.
Poi fece il segno lor di santa croce; / ond'ei si gittar tutti in su la piaggia: / ed el sen gì, come venne, veloce.«

Hier muß etwas eingeschaltet werden.
Die Engel sind im Gefühl und in der Vorstellung der Neuzeit weithin zu weichlichen, manchmal geradezu zweideutigen Wesen geworden. Wer sehen will, was sie eigentlich sind und wie sie im christlichen Dasein stehen, muß das meiste vergessen, was die Kunst der letzten fünf bis sechs Jahrhunderte – von der Andachtsindustrie nicht zu reden – hervorgebracht hat, und sich zuerst durch das Alte Testament belehren lassen. Er wird sich etwa in die Worte, das Geschehen, die Stimmung des Berichtes vom Jakobskampfe versenken (Gen 32, 22–31). Der den einsam in der Nacht Wartenden angreift, ist »ein Mann«; furchterregend, stark, segensmächtig und im Geheimnis verborgen. Es ist »der Engel des Herrn«, dessen Wesen nicht begriffen werden kann; ein endliches Geschöpf und doch, wie schon aus Vers 30 hervorgeht, irgendwie Gott selbst. Man darf ihn also nicht als »einen Engel« einfachhin ansehen – in gewissem Sinne ist er aber doch urbildlich für sie, denn in ihnen allen erscheint Gottes furchtbare Herrlichkeit selbst. Sie kommen nicht privat, für sich, sondern in ihnen kommt und handelt Gott. Die Engel sind »Boten«; in dem ungeheuren Sinne, daß sie irgendwie den Sendenden selbst bringen. Wenn sie kommen, kommt der Heilig-Furchtbare und Schreckensvoll-Herrliche. »Drei Männer« treten in Abrahams Zelt; einer von ihnen ist der Herr (Gen 18). Der Engel des Herrn wirft die Pest auf Volk und Stadt; aber Gott ist es, der da waltet (2 Sam 24, 15–16). Ein Engel steht mit gezücktem Schwert vor Josue und befiehlt ihm, vor der Heiligkeit die Schuhe von den Füßen zu ziehen (Jos 5, 13–15). Engel umgeben in der großen Vision des Isaias den Thron Gottes: Die Seraphe, die einander beständig das »Heilig, heilig, heilig der Herr, der Gott der Scharen!« zurufen, so daß von dem ungeheuren Ruf die Grundfesten des Heiligtums erbeben (Jes 6, 1–4) ... Im Neuen Testament mildert sich die Furchtbarkeit – manchmal möchte man fast sagen Wildheit – der Engelwesen. Wenn aber der Erzengel Gabriel vor Zacharias an der Seite des Räucheraltars erscheint (Lk 1, 11–13) oder bei Maria eintritt (I, 26–38);

wenn ein Engel vor den Hirten auf dem Felde steht, und »des Herrn Herrlichkeit sie umleuchtet« (2, 9); wenn er am Ostermorgen mit blitzflammendem Angesicht das Grab öffnet und den Frauen erscheint (Mt 28, 2–5), dann lautet sein erstes Wort immer: »Fürchte dich nicht!« Der Mensch kann den Anblick des hohen Boten nicht ertragen, und erst dessen Wort gibt ihm die Kraft ... Ganz ins Übergewaltige steigen wieder die Engelgestalten der Apokalypse. Sie sind von Maßen, die sie zu Weltwesen machen. Vor das versiegelte Buch tritt »ein gewaltiger Engel, der mit mächtiger Stimme verkündet« (5, 2). Vier andere an den Enden der Erde bändigen die Winde (7, 1). Sieben stehen vor Gott mit goldenen Posaunen, und deren Stoß bringt unendliche Schrecken auf die Welt (8, 2 ff). Einer tritt mit goldenem Weihrauchgefäß vor den Altar, füllt es mit Feuer und schleudert es auf die Erde (8, 5). Bis zu dem gewaltigsten, der »vom Himmel kommt, angetan mit einer Wolke, den Regenbogen um das Haupt, das Angesicht wie die Sonne, seine Füße wie Feuersäulen; den rechten Fuß auf das Meer, den linken auf das Land setzt« und mit mächtiger Stimme ruft, so wie der Löwe brüllt (10, 1–3).

Die Engel sind Wesen, deren Daseinsmaß und Wirkraum über die des Menschen hinausgehen. Sobald sie bei diesem eintreten, gefährden sie ihn durch die Macht ihres Seins. An sich können sie in Menschengestalt nicht ausgedrückt werden – wenn aber schon, dann in der »des Mannes«. Nicht nur ihrer Kraft wegen, sondern auch weil sie der »öffentlichen« Sphäre des Daseins zugeordnet sind: der Welt als Gotteswerk; der heiligen Geschichte; dem Menschendasein als Reich des höchsten Herrn. Sie sind Gehilfen im Weltenwerk; Diener der heiligen Herrschaft; Krieger im Heer des All-Königs. Ihre Gestalt zerfällt, sobald das Private, Gefühlsmäßige hineinkommt – vor allem das Erotisch-Gefühlsmäßige – und jene sinnlichen, zuweilen peinlichen Wesen entstehen, von denen die Kunst der Neuzeit erfüllt ist.

Der Engel ist Geist; nur Geist. Nicht dem Leibe feindlich, aber unleiblich. Die Wahrheit, das Gute, die Ordnung, die Schönheit bestimmen sein Dasein. Er ist »Licht« und »Glut«. Für ihn bestehen weder Grenzen des Raumes noch der Zeit. Alle Höhe, Tiefe, Weite des Sinnes und der Wesenheit ist sein Bereich. Er steigt auf, dringt ein, durchmißt. Das drückt sich in den Flügeln aus: Der Engel ist der Fliegende.

Wenn »Welt« das All des Geschaffenen bedeutet, dann gehört auch er zur Welt. Dann sind die Engel jene höchsten Wesen, die in ihrem unmittelbaren Sein dem Menschen so unerreichbar sind, wie – man darf nicht sagen: der Mensch dem Tiere, denn der Mensch ist Geist und darin dem Engel wesensverwandt, aber etwa wie das Genie, sein Leben und Schaffen, dem dumpf Dahinlebenden. Dem Menschen gegenüber sind sie Wesen, vor denen sich das Wort »Götter« auf die Lippen drängt.

Zugleich scheinen sie ein Verhältnis zur Schöpfung als Ganzem zu haben: eine Kraft der Überschau, der Durchdringung, des Durchwaltens, welche zu deuten die christliche Theologie auf die Vorstellung der Idee zurückgegriffen hat. Danach wären die Engel gleichsam Archetypen des Seins; lebendige Urbilder und Urmächte, die vorstrahlen und einwirken. Das kommt in der vom Neuplatonismus angeregten Theorie zum Ausdruck, wonach sie – wie weiter unten S. 77 ff. dargelegt werden soll – im Dienste des Schöpfers als »Intelligenzen« die Sphären der Himmel sinnhaft bestimmen und seinshaft bewegen. Vergegenwärtigt man sich weiter, daß für Dante, wie für das mittelalterliche Denken überhaupt, die Gestirnsphären die Vorgänge auf der Erde, dem Ort der Geschichte, bestimmen, dann erscheinen die Engel als die im Dienste des Schöpfers stehenden Urmächte alles Geschehens in der Welt.

Damit, daß der Engel »Geist« genannt wird, ist aber noch nicht das Eigentliche gesagt. Als Geist gehört er zur Schöpfung und bildet ihren oberen Bereich, doch gehört er damit noch nicht zum Reiche Gottes. Der Engel als bloßer Geist geht den Menschen nichts an – oder nur, um das bereits genannte Bild noch einmal anzuziehen, in einer ähnlichen Weise, wie den dumpf dahinlebenden Menschen das Genie und sein Reich: als unberührbare Region übermenschlichen Daseins. Von diesem Engel redet die Schrift überhaupt nicht. Augustinus sagt von ihm, daß er »in einem haltlosen Schweifezustand geistiger Ungeformtheit«[5] stehe und darin »dunkles Chaos« sei. So war der Engel in jenem unvollziehbar kurzen Augenblick »nach« seiner Erschaffung durch Gott, und »vor« seiner Entscheidung gegenüber Gott. Der Engel, von dem die Schrift redet, ist jener, der sich in Glaube, Liebe und Gehorsam »dem zugewandt hat, von dem alles Leben stammt und durch dessen Erleuchtung zu schönem Leben, zum ›Himmel der Himmel‹ geworden ist«; so Augustinus an der gleichen Stelle. Jetzt erst ist er »unsterblich« im biblischen Sinne. Jetzt erst hat er jenen Charakter, in welchem er den Menschen von der Offenbarung her angeht – und nun jeden Menschen; auch den ungenialen, auch den dumpfesten. Jetzt erst ist er heilig. Und nicht kraft eigener »Numinosität«, sondern kraft der Gnade, durch welche er an Gottes heiligem Leben teilnimmt, Ihn schaut, Ihn liebt und Ihm dient. Kraft dieser Gnade, welche Hauch des Heiligen Geistes ist, wird er erst zu jenem »Geist«, als welcher er – nicht Dichter, Philosophen, Ästheten und, neuerdings, die Snobs der Religiosität, sondern die Kinder Gottes angeht: Geist im Heiligen Geiste; geistlicher Geist.

Die Macht dieser heiligen Geisthaftigkeit; die Kraft dieses Schauens, Liebens und Preisens; der Aufschwung dieser ungeheuren Bewegung, mit welcher er dem »Geiste Gottes« folgt, der »die Tiefen der Gottheit durchforscht«, siehe 1 Kor 2, 10 – sie ist es eigentlich, die sich in den Flügeln, wie auch in dem Licht und der Glut und der Schönheit des Engels ausdrückt.

Solche Zerstörung der Engelsgestalt hat schon früh eingesetzt. Nehmen wir die bildende Kunst als Ausdruck für die herrschenden Formen des Empfindens und Vorstellens, so finden wir in den frühchristlichen Mosaiken wohl das Maßbild wesensgemäßer Gestaltung. Hier wird der Engel in seiner Gotterfülltheit und himmlischen Größe gesehen. Das Alttestament-

[5] »... *spiritualis informitatis vagabunda deliquia* ...« Confessiones 13, 5, 6.

lich-Furchtbare, ans Wilde Rührende ist von anbetender Stille besänftigt, die Gestalt aber ganz übermenschlich. Da es sich um Kirchenbilder einer Zeit handelt, deren religiöses Leben, wenigstens sofern es in der Kirche zum Ausdruck kam, durchaus liturgisch bestimmt war, trägt sie einen hieratischen Charakter, vom byzantinischen Hof her noch mit der Strenge seines Zeremoniells unterstrichen. Sie ist ganz vom Kontemplativen her bestimmt; Ausdruck tiefster Sammlung; ergriffenen Schauens, Liebens und Preisens. Diese Engel stehen vor Gott. Ihre Bewegtheit ist eine innere; jener ähnlich, die in den thronenden Götter- und Herrscherbildern der ägyptischen Kunst schwingt. Diese große, von der Gegenwärtigkeit und Bewegung des Daseins erfüllte Ruhe lockert sich dann. Das Leben wird tätiger; seine Bewegung hinübergehend, zum Anderen hin. Wie aus dem Thronen der Götter- und Herrscherbilder das Sitzen, als vorübergehender Akt zwischen Kommen und Gehen wird, so lösen sich hieratisches Stehen und sakrale Gebärde auf, und das Engelsbild kommt in eine hinübergehende Bewegung. Vielleicht beginnt diese Phase in der romanischen Kunst und dauert bei Giotto – Dantes Jugendfreund – noch fort. Dessen Engel sind noch geheimnisvoll groß; sie haben aber die hieratische Haltung verlassen und sind ins Tun eingetreten. Auf den Bildern Grünewalds sind sie bereits heftig bewegt, aber noch voll pneumatischer Glut. Die Engel El Grecos und Rembrandts erscheinen schon weitgehend psychologisch bestimmt, während die alten Engelsbilder nichts von Psychologie wissen, sondern nur Wirklichkeit, Wahrheit, Macht und Licht sind; sie kommen aber noch aus dem Raum der Vision. Bei den meisten Künstlern sonst ist ihre Gestalt ganz diesseitig, irdisch »natürlich« geworden, so fromm sie auch gemeint sein mag. Im besten Fall sind es andächtige Menschen oder Legendenwesen; sie kommen aber nicht mehr aus dem Himmel, aus dem Geheimnis des heiligen Pneuma. Zugleich ist ihr Bild immer mehr ins Hübsche, Sinnlich-Berührende, Kleine, Niedliche gegangen – von den Zweideutigkeiten des Barock und Rokoko gar nicht zu reden. Die einzige Kunst, in der sich die große Tradition erhalten hat, ist wohl die der östlichen Ikonen, wenngleich auch hier eine Entartung einzutreten scheint, nämlich die einer eigentümlichen barocken Manieriertheit mitten im starr gewordenen Schema.[6]

Neben dieser Bewegung – vielleicht sagt man aber richtiger: nachdem diese Bewegung das Bild des Engels ins Weltliche verloren hat, dringt eine andere durch, nämlich die Umformung der Engelsgestalt ins Mythologische. Sehen wir von ihren Vorstufen in der höfischen und gebildeten Vorstellungswelt der Renaissance und Aufklärung ab, so wird wohl der erste entscheidende Schritt durch Hölderlin getan. Bei ihm erscheinen die Engel wieder in befremdender Größe, immer auf die Geschichte des Landes, der Stadt, der Heimat bezogen: als die »Engel des Vaterlandes«. In ihnen schwingt das biblische Element der Prophetie – siehe z. B. den Engel des Perserreiches, Dan 10, 13 – und der Apokalypse noch nach; ihr Sinn steht aber ganz im Welthaften. Sie sind die vergöttlichten Heroen der heimatlichen Geschichte, welche als Vorbilder und Schützer mit dieser verbunden bleiben.[7] Diesen Weg ins Mythologische geht, mehr als ein Jahrhundert später, R. M. Rilke weiter. In seiner Dichtung, besonders jener der späteren Zeit und vor allem in den »Duineser Elegien«, erhebt sich immer wieder der Engel. Je größer dessen Gestalt wird, desto deutlicher auch, daß er »nichts mit dem Engel des christlichen Himmels zu tun« hat. Er ist vielmehr »dasjenige Wesen, das dafür einsteht, im Unsichtbaren einen höheren Rang der Realität zu erkennen«.[8]

Diese Engel sind wieder von numinoser Energie erfüllt, groß, ja furchtbar, und ihre Herrlichkeit für den Menschen tödlich;

[6] Auch an dieser Stelle möchte ich auf die schöne Erzählung aufmerksam machen, worin das Wesen der pneumatisch bestimmten Kunst in geradezu phänomenologischer Klarheit hervortritt, den »Versiegelten Engel« von Nikolai Lesskow, Bd. 4 der sämtlichen Werke, München, S. 211 ff.

[7] Vgl. Guardini, Friedrich Hölderlin. Weltbild und Frömmigkeit, Leipzig 1939, S. 158 f.

[8] Brief an Witold v. Hulewicz; »Briefe aus Muzot« (aus den Jahren 1921–1926), Leipzig 1935, S. 337.

aber sie sind aus der Beziehung zum Lebendigen Gott der Schrift, aus der Gnade herausgenommen. Man möchte sagen, sie seien in jenem »Augenblick« festgehalten, da sie noch nicht für Gott entschieden waren, und nur als höhere Wesen genommen. Während für das allgemeine Bewußtsein der Engel noch mit der Offenbarung verbunden war, so daß die der Offenbarung fernstehende Bildung mit ihm nichts anfangen konnte, ist diese Dichtung im Innersten schon so entschieden nicht-biblisch, daß sie die Engelsgestalt wieder ganz positiv, aber als bloße Weltwesen zu nehmen vermag: Hölderlin als Mächte der Geschichte; Rilke als Garanten der Ganzheit einer Welt, welche das Sichtbare und das Unsichtbare zur großen Einheit zusammenfaßt und »nun erst heil« ist[9] ... Vielleicht ist die Vermutung erlaubt, daß wir hier vor einer Einbruchsstelle der religiösen Polymorphie ins christliche Bewußtsein stehen. Vor einer Stelle, aus der wieder »Götter« hervorgehen; von »droben« gleichsam oder »drüben« – während eine andere, von »hüben«, von uns her, dort liegt, wo aus dem Menschen der Über-Mensch oder der Mensch-Gott wird, wie das Dostojewskijs Kirilloff und Nietzsches Zarathustra verkünden ... Diese Engel sind numinose Wesen und haben ihre Aufgabe in jenem Gesamt, das allein die Wirklichkeit ausmacht, der Welt, die des Einen Gottes nicht bedarf, weil sie von Göttern voll und selbst übergöttlich ist.

Man hat darauf hingewiesen, in den Engeln der Schrift wie auch in denen der Theologie und Volksanschauung seien außerchristliche Vorstellungen enthalten. Das wäre nur vom Standpunkt eines ungeschichtlichen Purismus zu tadeln, der eine – weder zu denkende noch lebend zu vollziehende – »reine« Christlichkeit forderte und jeden Einstrom von Weltsubstanz für Entartung ansähe. Das Gegenteil trifft zu. Was von Christus kommt, soll »Same« und »Sauerteig« sein; das

[9] Briefe aus Muzot, S. 333. Wie fragwürdig freilich dieses »höhere Sein« ist; wie wenig seine Dichter vom Geist und seinen Beziehungen zu Gott wissen; wie wenig sie überhaupt wissen, was sie in Wahrheit tun – darauf soll hier nur gerade hingedeutet sein.

heißt aber, den Weltstoff in sich aufnehmen, die Weltwirklichkeit durchdringen – freilich nur so, und so lange, als dadurch das Christlich-Wesentliche nicht verändert wird. Sobald aber durch einen Vorgang wie den soeben beschriebenen die Norm des rechten Weltgehaltes, die jede christliche Vorstellung im Glauben hat, verlorengeht, und sie der Welt verfällt, bekommen jene außerchristlichen Elemente, die durch sie aus dem Advent in die »Fülle der Zeit« eingegangen und getauft waren, einen anderen Charakter: sie werden wieder heidnisch. »Wieder« heidnisch – das heißt aber, daß dieses Heidentum etwas anderes bedeutet als jenes im Advent. Jetzt, in diesen Engelsvorstellungen, können tatsächlich assyrische, persische und indische Götterwesen eine Macht gewinnen, deren Wirkung in der richtungs- und schutzlos gewordenen Seele nicht abzusehen ist.
Der Exkurs war lang, aber nötig. Er sollte zeigen, daß es weder ein ästhetisches noch ein historisch-akademisches Interesse war, was uns veranlaßt hat, den Engelsgestalten der Dichtung Dantes nachzugehen.
Seine Engel sind ganz christlich. Sie sind »das himmlische Gesinde«; die Heerscharen des lebendigen Gottes; die ersten heilig-entschiedenen Geschöpfe des Herrn der Welt.
Und sie sind noch wirklich Engel: geisterfüllt, von übermenschlicher Herrlichkeit.
Ihrem Charakter nach stehen sie nahe bei denen seines Freundes Giotto. Sie haben die hieratische Gebundenheit aufgegeben; eilen und handeln, aber in der Glaubwürdigkeit himmlischer Wesen. Sie sind schön und selig, aber in der Lauterkeit christlichen Ernstes.

Zu ihnen gehört der Engel des Seelenschiffes – wie bereits der Bote vor der Stadt des Dis dazu gehört hat.
Sein Wesen wird mit wenigen Worten und doch deutlich gezeichnet. Er ist voll Liebe, aber einer großen, herben. Er hat in seiner Zurückhaltung, seinem raschen Kommen und Gehen etwas sehr Keusches.

IV. Der Engel im Tal der Fürsten

Nun suchen die Wanderer ihren Weg zum Berge. Zuerst gelangen sie in den Vorbereich des Purgatorio. Auf der Halde vor dem Fuß des Berges begegnen sie den Seelen, die im Kirchenbanne gestorben sind; auf seiner ersten Terrasse, die aber noch vor dem Tore zum eigentlichen Bergbereich liegt, jenen, die ihre Bekehrung bis zur letzten Stunde aufgeschoben haben. Sie alle müssen in quälendem Warten büßen, bis sie zur wirklichen Läuterung zugelassen werden. Eine Reihe lebensvoller Begegnungen trägt sich zu; so vergeht der Tag. Schließlich gelangen sie zum Tal der Fürsten, das besonders stark mit Säumigen bevölkert ist.

Es wird Abend, und mit dem Dunkel naht eine Gefahr: Die Schlange schleicht sich ein und sucht die Seelen irre zu machen – ein Ausdruck dafür, daß sie noch nicht ganz gesichert sind. Sie haben bis zum Ende gezaudert oder gesäumt und sind nur durch reine Gnade der tödlichen Unentschlossenheit entgangen, die sie zu den Verächtlichen des ersten Höllenkreises geworfen hätte; so stehen sie noch nicht richtig in der Ewigkeit. Sie sind noch irgendwie versuchbar – wie ja auch die unentschieden Gestorbenen nicht richtig zur Hölle gehören, sondern sich in einem Zustande absoluter Verächtlichkeit befinden.

Das echte Jenseits – und nun müssen wir den vorausgegangenen Exkurs noch einmal aufnehmen – bildet nicht die andere Seite des Diesseits, den »anderen Bezug«, der, mit dem unsrigen zusammen, die Welt ausmacht. So haben es Hölderlin und dann wieder Rilke behauptet. Darin ist etwas Ähnliches geschehen wie in ihrer Deutung des Engels. Der Begriff des christlichen Jenseits war weithin zerfallen; als »Himmel« ins Fragwürdig-Ethische oder Märchenmäßige, als »Hölle« ins

Fragwürdig-Ängstende oder Komische geglitten. Solange der Begriff noch traditionsgemäß mit der christlichen Gedanken- und Gefühlswelt verbunden war, hatte er dem allgemeinen Bewußtsein widerstrebt, so daß dessen Weltzuwendung sich nur auf Diesseits und Erde richtete. Als sich aber sein christlicher Charakter soweit aufgelöst hatte, daß er den nicht-christlich Gesinnten nicht mehr »kompromittierte«, wurde er zu einer neuen Möglichkeit rein welthafter Daseinsdeutung. Das Gefühl drang durch, eine Welt könne ohne Jenseits nicht rund angeschaut, ein Dasein ohne »das Andere« nicht mit Vollständigkeit und Tiefe gelebt werden; die bloße Erdhaftigkeit sei arm an Dimension und schwach an Sinn. Dieses Gefühl bekam aber nur deshalb freie Bahn, weil ein Jenseits gesichtet wurde, das mit Christentum und Kirche nichts mehr zu tun hatte, vielmehr so geartet war, daß es die rein welthafte Daseinserfahrung zu ihrer ganzen Fülle und Sinntiefe bringen würde. Es war eine religiöse Größe, und seine Erfahrung hatte numinosen Charakter; es wurde aber dem erdhaften Diesseits als dessen Gegenpol zugeordnet und so eine neue Ganzheit der Welt gewonnen. Deren Bedeutung tritt voll hervor, sobald man für Diesseits und Jenseits »Leben« und »Tod« oder »Lebendige« und »Tote«, und für die Einheit beider das eigentliche Leben, die Totalität der Geschichte, das »Dasein« setzt.[10]
Zu der Weise, wie Hölderlin den Begriff des »ganzen Daseins« aufbaut, siehe die bereits genannte Arbeit.[11] Was Rilke angeht, so sagt er: »Lebens- und Todesbejahung erweist sich als Eines in den ›Elegien‹. Das eine zuzugeben ohne das andere, sei, so wird hier erfahren und gefeiert, eine schließlich alles Unendliche ausschließende Einschränkung. Der Tod ist die uns abgekehrte, von uns unbeschienene Seite des Lebens: wir müssen versuchen, das größeste Bewußtsein unseres Daseins zu leisten, das in beiden unabgegrenzten Bereichen zu Hause ist, aus bei-

[10] Erst von hier aus gewinnt die Mythen- und Symbolforschung der letzten Zeit, ebenso wie die Philosophie des Daseins mit ihrer heimlichen Mystik ihre volle Tragweite.
[11] Friedrich Hölderlin. Weltbild und Frömmigkeit, bes. S. 454 ff.

den unerschöpflich genährt … Die wahre Lebensgestalt reicht durch beide Gebiete, das Blut des größesten Kreislaufs treibt durch beide: es gibt weder ein Diesseits noch Jenseits, sondern die große Einheit, in der die uns übertreffenden Wesen, die ›Engel‹, zu Hause sind. Und nun die Lage des Liebes-Problems in dieser so, um ihre größere Hälfte erweiterten, in dieser nun erst ganzen, nun erst heilen Welt.«[12] Das alles ist »ein Bezug mehr nach der Mitte jenes Reiches hin, dessen Tiefe und Einfluß wir, überall unabgegrenzt, mit den Toten und den Künftigen teilen. Wir, diese Hiesigen und Heutigen, sind nicht einen Augenblick in der Zeitwelt befriedigt, noch in sie gebunden; wir gehen immerfort über und über zu den Früheren, zu unserer Herkunft, und zu denen, die scheinbar nach uns kommen. In jener größesten ›offenen‹ Welt sind alle, man kann nicht sagen ›gleichzeitig‹, denn eben der Fortfall der Zeit bedingt, daß sie alle sind. Die Vergänglichkeit stürzt überall in ein tiefes Sein. Und so sind alle Gestaltungen des Hiesigen nicht nur zeitbegrenzt zu gebrauchen, sondern, soweit wir's vermögen, in jene überlegenen Bedeutungen einzustellen, an denen wir Teil haben. Aber nicht im christlichen Sinne [von dem ich mich immer leidenschaftlicher entferne], sondern in einem rein irdischen, tief irdischen, selig irdischen Bewußtsein gilt es, das hier Geschaute und Berührte in den weiteren, den weitesten Umkreis einzuführen. Nicht in ein Jenseits, dessen Schatten die Erde verfinstert, sondern in ein Ganzes, in das Ganze. Die Natur, die Dinge unseres Umgangs und Gebrauchs, sind Vorläufigkeiten und Hinfälligkeiten; aber sie sind, solange wir hier sind, unser Besitz und unsere Freundschaft, Mitwisser unserer Not und Froheit, wie sie schon die Vertrauten unserer Vorfahren gewesen sind. So gilt es, alles Hiesige nicht nur schlecht zu machen und herabzusetzen, sondern gerade, um seiner Vorläufigkeit willen, die es mit uns teilt, sollen diese Erscheinungen und Dinge von uns in einem innigsten Verstande begriffen und verwandelt werden. Verwandelt? Ja, denn unsere Aufgabe

[12] Brief an Witold von Hulewicz, aaO. S. 332 f.

ist es, diese vorläufige, hinfällige Erde uns so tief, so leidend und leidenschaftlich einzuprägen, daß ihr Wesen in uns ›unsichtbar‹ wieder aufersteht. Wir sind die Bienen des Unsichtbaren. *Nous butinons éperdument le miel du visible, pour l'accumuler dans la grande ruche d'or de l'Invisible.*«[13] Und nochmals: »Die Elegien stellen diese Norm des Daseins auf: sie versichern, sie feiern dieses Bewußtsein. Sie stellen es vorsichtig in seine Traditionen ein, indem sie uralte Überlieferungen und die Gerüchte von Überlieferungen für diese Vermutung in Anspruch nehmen und selbst im ägyptischen Totenkult ein Vorwissen solcher Bezüge heraufrufen ... Wenn man den Fehler begeht, katholische Begriffe des Todes, des Jenseits und der Ewigkeit an die Elegien oder Sonette zu halten, so entfernt man sich völlig von ihrem Ausgang und bereitet sich ein immer gründlicheres Mißverstehen vor. Der ›Engel‹ der Elegien hat nichts mit dem Engel des christlichen Himmels zu tun [eher mit den Engelgestalten des Islam] ... Der Engel der Elegien ist dasjenige Geschöpf, in dem die Verwandlung des Sichtbaren in Unsichtbares, die wir leisten, schon vollzogen erscheint. Für den Engel der Elegien sind alle vergangenen Türme und Paläste existent, weil längst unsichtbar, und die noch bestehenden Türme und Brücken unseres Daseins schon unsichtbar, obwohl noch [für uns] körperhaft dauernd. Der Engel der Elegien ist dasjenige Wesen, das dafür einsteht, im Unsichtbaren einen höheren Rang der Realität zu erkennen.«[14] »Jenseits« ist hier der »andere Bezug« zum Diesseits. Während aber Hölderlin ihn ins Ontisch-Kosmische legt, ist Rilkes Anschauung subtiler: Er findet den Ort des Jenseits im »Unsichtbaren«, was wohl soviel heißt, wie im »Innern« des Lebens; im Erlebthaben; in der Innerlichkeit des Gefühls – »im Ohr«, sagt das zweite der »Sonette«. Auf der Übergangsstelle steht Orpheus, der singend Verwandelnde – Hölderlin, der nicht so sehr im Musikalischen als im Augenhaften zu Hause scheint, sieht dort den Dichter und Seher. Die Engel hingegen haben

[13] Ebenda, S. 333 f.
[14] Ebenda, S. 336 f.

eine andere Stellung: sie sind von vornherein auf das Ganze bezogen; so sehr, daß sie »oft nicht wissen, ob sie unter Lebenden gehn oder Toten«, wie es in der ersten Elegie heißt. Sie durchwohnen, durchfliegen das Ganze, und ihre Flügel erhalten so einen besonderen Sinn. Dieses »Ganze« ist die große dionysische Einheit, von welcher Leben und Tod die Elemente bilden; und die Einsichten der Psychologie in das Unbewußte, in den Zusammenhang des Einzelnen und des Menschendaseins, in das Verhältnis von Leben und Tod, von Person und Bild münden hier ein und verheißen dem neuen Weltglauben die Rechtfertigung einer vom Rationalismus befreiten Wissenschaft. Der Tod und die Toten scheinen nun der Welt neugewonnen.

Das christliche Jenseits, die Ewigkeit ist nicht dieser »andere Bezug« des Daseins, und Dante nicht der Dichter seiner Räume, Bilder und Sinnabdrücke – ob jener Bezug nun in die kosmische Objektivität wie bei Hölderlin oder in die »Unsichtbarkeit« des Lebens-Innern wie bei Rilke gesetzt wird. Die Ewigkeit ist nicht die auf das Erdendasein folgende Form unseres unaufhebbaren Wesens – ebensowenig, wie das ewige Leben die einfache Unzerstörbarkeit des Geistes ist. Die Ewigkeit ist vielmehr zuerst und wesenhaft die Ihm allein vorbehaltene Daseinsweise des heiligen Gottes; dann, als Inhalt der Gnade, die Teilhabe des Menschen an diesem Leben. Ewiges Leben haben, im Himmel sein, bedeutet nicht das All-Leben teilen, sondern aus Gottes heiligem Leben heraus bestehen. Und das nicht pantheistisch, kraft der Einheit aller Wesen, sondern in der Wahrheit des Geschaffenseins und der Reinheit der Person, kraft der Gnade, welche Liebe ist. Die Verlorenheit aber, »der zweite Tod«, die Hölle, bedeutet nicht den Untergang im All, sondern den Widerspruch gegen den heiligen Gott und das Ausgeschlossensein von Seiner Gemeinschaft.

Das »Jenseits« des christlichen Glaubens ist die Vorbehaltenheit Gottes, in welche keine geschaffene Kraft eindringt. Die wirkliche, durch keine Dialektik von Hier und Dort, Leben und Tod, Außen und Innen einzuwölbende »Andersheit«. »Anders« auch noch über das Bloß-Religiöse hinaus. Anders durch die Souveränität des Gottes und Schöpfers, der mit seinem Geschöpf durch keinen Begriff, nicht einmal den des Seins zusammengenommen werden kann; und durch die unduldende Heiligkeit Dessen, vor dem »auch die Engel befleckt sind«, geschweige die Menschen. Dennoch gibt es da eine Ganzheit, die aber selbst aus der Gnade kommt: es ist die der neuen Schöpfung, worin alles Geschaffene in die Einheit des Reiches Gottes heimgeholt und wahrhaft »heil« wird – siehe die großen Texte der Briefe an die Römer, Epheser und Kolosser, und die Visionen der Apokalypse.

Auch diese Abschweifung war notwendig. Denn die Ewigkeit, deren Begriff klargestellt wurde, ist es, welche Dante zu deuten sucht; und auf das Werden der Ganzheit, von welcher zuletzt die Rede war, sind die christlichen und also Dantes Engel bezogen.

Wir kehren zurück.

Ewigkeit und Entscheidung sind einander zugeordnet. Ewigkeit bedeutet nicht endlose Zeitdauer; auch nicht einfache Abwesenheit von Zeit, sondern zunächst die Weise, wie der lebendige Gott heilig und selig in sich selbst lebt. Dann, für den Menschen, den durch die Gnade gegebenen Anteil an diesem Leben oder die im Gericht verhängte Ausschließung davon. Sie setzt also Person voraus und Entscheidung dieser Person; sich vollziehend im Gehorsam, oder sich versagend im Ungehorsam. Der Unentschiedene hat, strenggenommen, keine Ewigkeit; er bleibt im Immer-Weiter. Darum geht sein jenseitiges Dasein in keine klare Kategorie heiligen Wertes bzw. widerheiligen Unwertes ein. Das drückt sich scharf im Zustande des ersten Höllenkreises, der absoluten Verächtlichkeit aus. Hier, im *Purgatorio*, ist Entscheidung geschehen, aber erst im letzten Augenblick. Ein Wunder der Gnade hat diese Seelen vor der ewigen Uneigentlichkeit bewahrt. Das Unentschiedensein wirkt aber in ihnen gleichsam noch fort – so sehr, daß die Ewigkeit sich noch nicht richtig konstituieren kann, die Seelen anfällig erscheinen, und Satan die Möglichkeit sieht, etwas zu erreichen. Andererseits sind sie aber doch endgültig von Gott ergriffen; so wiederholt sich Abend für Abend der auf den ersten Augenblick schwer verständliche, bei tieferem Nachdenken aber so sinnstarke Vorgang, von welchem der achte Gesang berichtet.

Über dem Ganzen liegt eine besondere Stimmung, durch die wundervollen Verse eingeleitet:

Es war die Stunde schon, die das Verlangen den Schiffern heimwärts wendet und ihr Herz, am Tag, da sie den lieben Freunden Lebewohl gesagt, weich macht; und die den Mann, so heut' zum erstenmal auf Pilgerschaft gegangen, mit Lieb' bedrängt, wenn er von fern die Glocke hört, und meint, sie wein' über den Tag, der stirbt. (II 8, 1–6)

Es ist eine schwebende, süß-schwermütige Stimmung, und nicht zufällig kommt in ihr der Versucher. Schwermut ist vieldeutig. Sie gehört nicht ins Jenseits, wo alles klar ist.

In ihr lebt die Erde; jener Rest Nicht-Ewigkeit, von dem die Rede war.

In dieser Gefahr des Abends erhebt sich eine der Seelen und singt den Hymnus »*Te lucis ante terminum*« aus dem liturgischen Abendgebet.

Dann sah ich all die edle Schar schweigend nach oben schauen, blaß und demutsvoll, als harrten sie. Und sah zwei Engel aus der Höh' hervorgehn und herniedersteigen, jeden mit glühendem Schwert, doch abgestumpft und seiner Spitz' beraubt. Grün wie soeben neu hervorgesproßte Blättchen waren die Gewänder, und von dem Schlag der grünen Flügel getroffen und durchweht, flogen sie hinter ihnen.

Dann kam der eine nahe über uns zu stehen; der andere ließ sich zum Hange drüben nieder, so daß das Volk in ihrer Mitte sich befand.

(II 8, 1–6):
Era già l'ora che volge il disio / ai navicanti e'ntenerisce il core / lo dì c'han detto ai dolci amici addio; à
e che lo novo peregrin d'amore / punge, se ode squilla di lontano / che paia il giorno pianger che si more …

Ich unterschied an ihnen klar das blonde Haupt; jedoch in ihrem Angesicht verwirrt' das Auge sich, so wie der Kraft geschieht, welche am Übermaß vergeht. (II 8, 22–36)

Das blonde Haar, das helle Grün des Gewandes und der Flügel geben ihnen etwas Junges, Freudig-Hoffnungsvolles, Kühnes. Ihr Antlitz aber ist so mächtig, daß das Auge ihm nicht gewachsen ist.

Dann wird es ganz dunkel, und es heißt:

An jener Stelle, wo das kleine Tal ungeschützt liegt, war eine Schlange; vielleicht wie jene, die einst Eva die bittre Speise gab. Durch Gras und Blumen kam der böse Streifen her, bog Mal um Mal das Haupt zum Rücken, ihn leckend, wie ein Tier tut, das sich glättet.

Ich sah nicht, kann darum auch nicht berichten, wie sich die beiden Himmelsfalken hoben; sah aber dann genau den einen und den andern in der Höhe. Da, als die Schlange hörte, wie die grünen Flügel jäh die Luft durchschnitten, floh sie. Die Engel aber wandten sich und kehrten gleichen Flugs zu ihrem Ort zurück. (II 8, 97–108)

(II 8, 22–36):

Io vidi quello esercito gentile / tacito poscia riguardare in sue, / quasi aspettando, palido e umile;

e vidi uscir de l'alto e scender giue / due angeli con due spade affocate, / tronche e private de le punte sue.

Verdi come fogliette pur mo nate / erano in veste, che da verdi penne / percosse traean dietro e ventilate.

L'un poco sovra noi a star si venne, / e l'altro scese in l'opposita sponda, / sì che la gente in mezzo si contenne.

Ben discernea in lor la testa bionda; / ma ne la faccia l'occhio si smarria, / come virtù ch'a troppo si confonda.

(II 8, 97–108):

Da quella parte onde non ha riparo / la picciola vallea, era una biscia, / forse qual diede ad Eva il cibo amaro.

Tra l'erba e i fior venia la mala striscia, / volgendo ad ora ad or la testa, e'l dosso / leccando come bestia che si liscia.

Io non vidi, e però dicer non posso, / come mosser li astor celestiali; / ma vidi bene e l'uno e l'altro mosso.

Sentendo fender l'aere a le verdi ali, / fuggì'l serpente, e li angeli dier volta, / suso a le poste rivolando iguali.

Der Feind hat noch nie etwas erreicht, denn diese Seelen sind in Gottes Hand behütet. Doch sind sie gleichsam von jener Unentschiedenheit her gefährdet. Das zieht den Feind an, der die Schwäche fühlt und durch seinen Gotteshaß immer wieder zum Versuch gezwungen wird.
Die Engel aber – mit Beinahe-Schwertern, die der Beinahe-Gefahr entsprechen, wider den Feind gerichtet – haben das Plötzliche, Vorstoßende, Unwiderstehbare, das schon am Boten vor der Höllenstadt deutlich wurde. Und ebenso seine Sachlichkeit; denn kaum ist der Dienst getan, so kehren sie, ohne sich um die Einzelnen zu kümmern, auf ihren Posten und – wie aus dem Zusammenhang hervorgeht – am Morgen in den Himmel zurück.[15]

[15] Man könnte fragen, ob denn Dantes Dichtung von solchen Subtilitäten wisse. Darauf wäre zunächst zu erwidern, daß Dante sehr viel weiß, sehr Tiefes und sehr Subtiles. Abgesehen davon reicht aber das Werk des Dichters weiter als seine Person. Das Werk des großen vollends – und hier handelt es sich um einen der größten überhaupt – bedeutet nicht den einfachen Ausdruck seines Wesens, so daß die Tiefe des Werkes nach dem Maße des schaffenden Menschen gemessen werden müßte, sondern durch ihn hindurch baut das Dasein selbst. Schöpfertum bedeutet die Fähigkeit, Organ zu sein. Was aus ihm hervorgeht, ist Welt zweiten Grades, und die kann Tiefen haben, von denen ihr Gestalter nichts zu wissen braucht. Wer wollte das Wesen eines Kindes aus dem Wissens- und Erlebniszustand der Mutter ableiten, während sie es trug? Gewiß ist es ihr Kind, aber nicht ihrer Subjektivität. Sie ist Organ des Daseins; und wenn sie auch dem Kinde ihr Blut gibt, so hat es sein Gesetz doch aus sich selbst, richtiger gesagt, aus dem Ganzen. Es steht, durch sie hindurch, unmittelbar zum Dasein. So reicht auch die Psychologie der Danteschen Gestalten in größere Tiefen als die des Danteschen Bewußtseins, und die Interpretation ist beauftragt, das Werk aus ihm selbst und aus dem Ganzen des Daseins heraus zu erklären – dabei freilich sich zu hüten, daß sie nicht, an Stelle der seinen, die eigene Subjektivität hineinlege.

V. Die Wächter an den Übergängen des Läuterungsberges

Die Dichter ruhen im Tal der Fürsten unter dem Schutz der himmlischen Wächter. Dante träumt, ein goldgefiederter Adler kreise im Himmel, stoße wie ein Blitz herab und hebe ihn zur brennenden Sonnenhöhe. Die Glut weckt ihn, und er findet sich an unbekanntem Ort. Vergil erzählt, während er schlief, sei eine hohe Frau gekommen und habe ihn hinaufgetragen: Es ist Lucia gewesen, die Verkörperung der allem guten Tun vorausgehenden Gnade.

Nun finden die Wanderer sich auf der äußeren Terrasse des Berges; vor dem Tor, das in den eigentlichen Läuterungsbereich einläßt. Zu dem Tore führen drei Stufen. Die erste ist weiß und glatt wie Marmor und so klar, daß der Steigende sich darin sieht: Selbsterkenntnis und Reue. Die zweite purpurfarben und zerrissen: das Bekenntnis. Die dritte rot gleich frischem Blut: das sühnende Tun. Über den Stufen liegt die Schwelle der Tür, hart und strahlend – wie Diamant. Auf ihr sitzt der Hüter, ein Engel:

... dort sah ich ein Tor; drei Stufen unter ihm, hinaufzusteigen, verschiedner Farbe; und einen Wächter, der kein Wort noch sprach.

Und als ich mehr und mehr das Auge zu ihm öffnete, sah ich ihn ob der letzten Stufe sitzen, von solcher Art, daß ich sein Antlitz nicht ertragen konnte.

Und trug ein nacktes Schwert in seiner Hand, das wider uns so hell die Strahlen schlug, daß oft ich meinen Blick vergeblich auf es richtete. (II 9, 76–84)

(II 9, 76–84):
... vidi una porta, e tre gradi di sotto / per gire ad essa, di color diversi, / e un portier ch'ancor non facea motto.

Wieder die Unertragbarkeit des Angesichtes. Die himmlische Wirklichkeit übermächtigt die Kraft des Menschenauges; und nicht nur, weil sie größer als diese Kraft, sondern weil sie rein, der Mensch aber sündig ist. So stößt ihre Heiligkeit sein Auge zurück. Sie ist aber zugleich Liebe; darum wird gleich nachher gesagt, daß der Engel mit gütigem Blick fragt und antwortet. Er lehrt, wie die Stufen erstiegen werden müssen; nimmt den vor ihm Niederfallenden freundlich auf und schreibt ihm mit der Spitze seines Schwertes sieben *»P«*, die Zeichen der *»peccata«*, der Grundsünden, auf die Stirn, das heißt, auf die Stelle des Zeigens, des offenen Bekennens und Dazustehens. Das Tun ist symbolisch. Der Dienst des Engels nimmt die Form einer Liturgie an.
Dann öffnet er das Tor, und die Wanderer finden sich in einem hinaufführenden engen Felsenriß – Ausdruck für die Schwierigkeit, die neue Daseinsebene zu erreichen.

Diese Ebene wird durch eine Terrasse ausgedrückt, welche sich, »drei Manneslängen breit«, um den Berg zieht.
Von solchen Terrassen liegen, wenn wir die der Säumigen vor dem Tore mitrechnen, acht übereinander. Der Gipfel selbst, von unten aus nicht zu sehen, bildet eine Hochebene. Auf ihr befindet sich das irdische Paradies, das nach dem Sündenfall hierher entrückt worden ist.
Jede Terrasse bedeutet eine Ebene der Läuterung. Ihre Ordnung entspricht jener der Hölle. Die unteren sind vom schwereren Bösen erfüllt; je leichter es wiegt, desto weiter nach oben liegt es. Aber ihr Richtungssinn geht umgekehrt: hinauf, zur Überwindung und Vollendung.
Der Übergang von einer Stufe zur anderen kostet zuerst größte Mühe. Je weiter nach oben, desto leichter wird er. Wo die Stei-

---

E come l'occhio più e più v'apersi, / vidil seder sovra'l grado soprano, / tal ne la faccia ch'io non lo soffersi;
e una spada nuda avea in mano, / che reflettea i raggi sì ver noi, / ch'io dirizzava spesso il viso invano.

genden eine Terrasse verlassen, um die nächste zu gewinnen – an jener Stelle also, die ausdrückt, daß der dieser Ebene zugehörige Bußvorgang vollzogen, das Böse im Sein von der Gesinnung her überwunden und der Mensch heiliger geworden ist – steht ein Engel. Er prüft den Vollzug der Buße. Er besiegelt das Gewordensein des Guten, indem er von Dantes Stirn ein *»peccatum«* weglöscht; wobei, von seiner oder einer anderen Stimme gesungen, eine der Seligpreisungen aus der Bergpredigt auftönt. Die Worte »Selig, die …« sind also hier nicht mehr Verheißung, sondern Vollzug.

Diese Engel sind unsäglich rein und schön. Aus ihnen strömt dem sich Vollendenden göttliche Freude über das durchbrechende Heilig-Gute entgegen – man darf annehmen, daß Dante an das Wort gedacht hat: »Es wird mehr Freude sein bei den Engeln des Himmels über einen Sünder, der Buße tut, als über neunundneunzig Gerechte, die der Buße nicht bedürfen« (Lk 15, 7).

So heißt es am Rande der ersten Terrasse, wo der Stolz gebüßt und die Demut verwirklicht wird:

Das schöne Wesen näherte sich uns, in Weiß gekleidet, und wie zitternd der Morgenstern erstrahlt, so war sein Antlitz. (II 12, 88–90)

Morgenfrische Holdseligkeit – und Liebe zugleich, denn die nächsten Verse lauten:

Die Arme öffnet' es und öffnete die Flügel, und sprach: »Kommet, die Stufen sind hier nah, und leichter wird nun schon das Steigen«. (II 12, 91–93)

Der Engel führte sie zur Stelle, wo die Wand den Aufstieg zur nächsten Terrasse freigibt:

(II 12, 88–90):
A noi venia la creatura bella, / bianco vestito e ne la faccia quale / par tremolando mattutina stella.

(II 12, 91–93):
Le braccia aperse, e indi aperse l'ale; / disse: »Venite, qui son presso i gradi, / e agevolemente omai si sale«.

Dort schlug er mir die Flügel hin über die Stirne, und sagt' mir sichre Wandrung zu. (II 12, 98–99)
Der Schlag der Engelsfittiche hat ihm das *»P«* des Stolzes von der Stirne gelöscht.
Wie die Wanderer sich zur gewiesenen Richtung wenden, ertönt eine Stimme:
Als wir uns dorthin wandten, sangen Stimmen in einer Weise, die kein Sprechen je ausdrücken könnte: »Selig, die arm im Geiste!« (II 12, 109–111)
Beim Gehen hat Dante ein seltsames Gefühl:
Schon stiegen wir hinan die heilgen Klippen, und war mir, als sei ich um ein Großes leichter worden, denn ich mich auf dem Plan vorher empfunden hatte.
So sprach ich: »Meister, sag, welch' schwere Last hat sich von mir gelöst, daß ich beim Gehn fast keine Mühe mehr empfinde?« (II 12, 115–120)
Es ist etwas mit ihm geschehen. Das Leiden der Büßenden mitlebend, ist er besser geworden. Gesinnung ist in Sein gegangen. Das tut sich in einem Wandel der leibgeistigen Existenz: in der Überwindung der Schwere kund. Der Vorgang des Besserwerdens ist auf einen Berg bezogen; seine Ordnung auf die von Tief und Hoch. So drückt sich das Bessere im Höheren aus: Je reiner der Mensch wird, desto verwandter dem Höheren. Sein Gewicht nimmt ab, seine Steigekraft wächst. Aus dem Steigen entfaltet sich das Schweben – welches Schweben den einstigen ekstatischen Überschritt vorbereitet. Objektiv bedeutet das: Die Gnade waltet ungehemmter; der

---

(II 12, 98–99):
… quivi mi battè l'ali per la fronte; / poi mi promise sicura l'andata.

(II 12, 109–111):
Noi volgendo ivi le nostre persone, / »Beati pauperes spiritu!« voci / cantaron sì, che nol diria sermone.

(II 12, 115–120):
Già montavam su per li scaglion santi, / ed esser mi parea troppo più lieve / che per lo pian non mi parea davanti.
Ond'io: »Maestro, dì, qual cosa greve / levata s'è da me, che nulla quasi / per me fatica, andando, si riceve?«

Zustand ist vollendet, wenn die Gnade »alles in allem« wird. Subjektiv bedeutet es: Die Freiheit wächst; sie ist vollkommen, wenn der Wille mit der Forderung eins wird. Wenn aber Erstarken der Gnade und Wachstum der Freiheit sich in einem Leichterwerden ausdrücken, so zeigt das, daß es sich hier nicht um den »Geist«, sondern um den Menschen handelt. Der Körper wird nicht abgestreift, sondern, im Gegenteil, vollendet. Er wird zum vollkommenen Organ des Geistes und eben damit Leib. Im Maße er die Schwere – und, der Schwere zugeordnet, das Dunkel und die Verschlossenheit – überwindet; im Maße er leicht, licht und offen wird, gewinnt er Beziehung zur Ganzheit der Welt. Er wird, als Leib, frei. Erst der Leib, der »fliegen« kann; nicht phantastisch, durch Andichtung von Organen, die nur der Vogel hat; auch nicht mechanisch, durch Konstruktion einer Maschine, die er nicht ist, sondern nur benutzt; vielmehr seinshaft, indem der Geist in ihm zur Macht und Herr über die Schwere wird – er erst ist als Leib erfüllt. Es ist der durch den Tod gegangene, auferstandene und verklärte Leib. Das ist der letzte Sinn des *Purgatorio:* Der Leser fühlt, wie hier menschliches Dasein der Auferstehung und Verklärung zugeht.[16] Diesem Vorgang der Vollendung sind die Engel zugeordnet. In ihrer Liebe und Schönheit verheißen sie ihm die Erfüllung. Sie sind Bürgen der Hoffnung.

Auf der zweiten Terrasse wird der Neid überwunden, großmütige und barmherzige Liebe geboren. An ihrem inneren Rande strahlt dem Wanderer wieder eine Engelsgestalt entgegen:

[16] Über den Leib in der Göttlichen Komödie soll in der genannten größeren Arbeit ausführlich gehandelt werden. Hier nur soviel, daß Dante, für welchen der Geist mächtigste Wirklichkeit ist, nie spiritualisiert. Ihm geht es nicht um losgelöste Geistigkeit, sondern um den Menschen. Gerade, weil ihm der Geist wirklich ist, will er den verleibten Geist. Es mag seltsam scheinen, aber die Spiritualisierung setzt erst dann ein, wenn der Geist nicht mehr als Wirklichkeit, sondern als »Bewußtsein« oder als »Begriff« genommen wird. Dantes Werk – wie das ungebrochene Christentum überhaupt – ist von einer mächtigen, gestaltreichen Leibhaftigkeit erfüllt.

Wie wenn vom Wasser oder von dem Spiegel der Strahl zur Gegenseit' zurückspringt, indem er so, wie er hinabgestiegen, steigt und von der [Richtung des] Steinfalls bei gleicher Läng' der Bahn sich um ein gleiches Maß entfernt, wie die Erfahrung zeigt und auch die Kunst – so wurde ich, schien mir, von einem da vor mir zurückgestrahlten Licht getroffen, so [heftig], daß mein Blick zur Flucht gezwungen war.
»Wer ist der, süßer Vater«, sagte ich, »vor dem den Blick so viel, daß es mir hülfe, ich nicht zu schützen weiß, und der, so scheint es, auf uns zukommt?«
»Wundre dich nicht, wenn noch das himmlische Gesind' dich blendet«, sagt' er drauf zu mir. »Ein Bote ist's, der kommt, den Menschen einzuladen, daß er höher steige. Bald wird, Dinge von solcher Art zu sehn, dir – nach dem Maß der Kraft, die die Natur gab – nicht mehr Beschwerde, sondern Lust nur schaffen.«
Als wir dann bei dem sel'gen Engel angelangt, sprach er mit freudevoller Stimme: »Hier tretet ein! Die Treppe hebt sich milder, als die anderen vor ihr.« (II 15, 16–36)
Der Engel erscheint nur als entgegenschlagende Lichtmacht. Doch ist seine Stimme *»lieta«*, freudevoll – ein Wort, das immer häufiger auftauchen wird.

(II 15, 16–36):
Come quando da l'acqua o da lo specchio / salta lo raggio a l'opposita parte, / salendo su per lo modo parecchio
a quel che scende, e tanto si diparte / dal cader de la pietra in igual tratta, / sì come mostra esperienza e arte;
così mi parve da luce rifratta / quivi dinanzi a me esser percosso; / per ch'a fuggir la mia vista fu ratta.
»Che è quel«, dolce padre, »a che non posso / schermar lo viso tanto che mi vaglia« / diss'io, »e pare inver noi esser mosso?«
»Non ti maravigliar, s'ancor t'abbaglia / la famiglia del cielo«, a me rispuose: / »messo è che viene ad invitar ch'om saglia.
Tosto sarà ch'a veder queste cose / non ti fia grave, ma fieti diletto / quanto natura a sentir ti dispuose.«
Poi giunti fummo a l'angel benedetto, / con lieta voce disse: »Intrate quinci, / ad un scaleo via men che li altri eretto«.

Im dritten Bereich des Läuterungsberges wird die Sanftmut errungen. Auf den verschiedenen Terrassen sind an den Wänden und auf dem Boden Gestalten der Schrift und der großen Geschichte eingemeißelt, oder heilige Worte werden von geheimnisvollen Stimmen gesprochen – das heißt: In die tief geöffnete Bereitschaft der Büßenden dringen Bilder und Worte und formen das werdende Sein. Hier, wo die Buße in einem dunklen, alles mit Finsternis umhüllenden Rauch besteht, nehmen die zeugenden Bilder eine andere Form an: Sie tauchen im Innern, als Visionen *»dentro all'alta fantasia«* auf; sammeln die ganze Aufmerksamkeit auf sich und durchwirken so den Werde-Schoß der Existenz. Dante erfährt das, dann heißt es:

So wie der Schlaf zerbricht, wenn plötzlich ein neues Licht das zugeschloßne Auge trifft; und er, zerbrochen schon, noch zuckt, bevor er gänzlich stirbt – so fiel mein [inneres] Erbilden nieder, als ein Licht mein Antlitz traf, viel mächtiger als jene, die wir kennen. Ich wandte mich, zu sehen, wo ich sei, als eine Stimme sprach: »Hier ist der Anstieg!« Und sie tönte so, daß sie von jedem andern Gegenstand mich löste. (II 17, 40–48)

Dante möchte sehen, verstehen, erfährt aber wieder die Ohnmacht der Eigenkraft vor dem von oben Herantretenden:

Aber wie vor der Sonne, die den Blick uns überwältigt, und ihr Bild mit ihrem eignen Überglanz verhüllt, so brach hier meine Kraft.

»Göttlicher Geist ist dieser, der den Weg des Aufwärtssteigens uns ohne alle Bitte richtig weist, und in das eigne Licht sich selber hüllt. Er tut mit uns so, wie ein Mensch tut mit sich selbst. Denn wer die Not sieht und auf Bitte wartet, bereitet bösen Herzens schon das Nein. Laß unsere Füße nun so [heiliger] Einladung fol-

---

(II 17, 40–48):
Come si frange il sonno, ove di butto / nova luce percuote il viso chiuso, / che fratto guizza pria che muoia tutto;
così l'imaginar mio cadde giuso, / tosto che lume il volto mi percosse, / maggior assai che quel ch'è in nostro uso.
I'mi volgea per veder ov'io fosse, / quando una voce disse: »Qui si monta«, / che da ogni altro intento mi rimosse ...

gen. Laß uns ans Steigen denken, vor das Dunkel kommt; denn dann kann's nicht mehr sein, bis daß der Tag uns wiederkehrt.«
So sprach mein Führer, und selbander wandten wir unseren Schritt zu einer Treppe; und kaum war ich an ihrer ersten Stufe, da fühlt' ich's neben mir wie Flügelregen und wie Hauch im Antlitz und [vernahm] das Wort: »Selig, die Frieden wollen und vom bösen Zorn nichts wissen!« (II 17, 52–69)
Auch hier keine Gestalt. Sie geht im Übermaß des Lichtes unter. Wir begegnen der Erscheinung, die dann im Paradiso, stärker entwickelt, wiederkehrt, daß das himmlische Wesen »in das eigne Licht sich selber hüllt« ... Das Licht ist nichts Äußeres, das den an sich dunklen Körper träfe und erhellte, sondern kommt aus dem Wesen selbst. Es ist Ausdruck davon, daß dieses Seiende ganz wahr und gut ist. Lichthaftigkeit ist zum Sein gewordene Heilheit und Heiligkeit. Nun bedeutet aber Licht Sichtbarmachung. Das Lichte ist unverhüllt; trifft den Blick; bezeugt sich. Doch nur, wenn das zugeordnete Auge da ist. Fehlt das, dann macht gerade das Licht »unzugänglich«. Gerade die Intensität und Werthaftigkeit dieses Seienden, die Heiligkeit dieses Lebendigen entrückt es.
Schön ist der Satz, in dem sich die Gesinnung des Engels ausdrückt: »Er tut mit uns so, wie ein Mensch tut mit sich selbst«. Reine Wahrheit und Verpflichtung, ohne irgendwelche ablenkende Selbstsucht. Reine Erfüllung des Gebotes Mt 22, 39. Und unvergeßlich ist die sanfte Kraft des Engelsfittichs.

(II 17, 52–69):
Ma come al sol che nostra vista grava / e per soverchio sua figura vela, / così la mia virtù quivi mancava.
»Questo è divino spirito, che ne la / via da ir su ne drizza sanza prego, / e col suo lume se medesmo cela.
Sì fa con noi, come l'uom si fa sego; / chè quale aspetta prego e l'uopo vede, / malignamente già si mette al nego.
Or accordiamo a tanto invito il piede: / procacciam di salir pria che s'abbui, / chè poi non si poria, se'l dì non riede.«
Così disse il mio duca, e io con lui / volgemmo i nostri passi ad una scala; / e tosto ch'io al primo grado fui,
senti'mi presso quasi un mover d'ala / e ventarmi nel viso e dir: »Beati / pacifici, che son sanz'ira mala!«

Auf der vierten Stufe wird die Trägheit überwunden und freudige Tatkraft gewonnen. An der Grenze steht wieder der Engel:
Ihm folgend trug ich meine Stirn wie jener, welchem schwer sie von Gedanken ist, und der seine Gestalt zum halben Bogen einer Brücke macht – da hört' ich: »Kommt, hier geht der Überschritt!« in einer Weise sagen, so süß und gütig, wie man sie in unserm Reich des Sterbens nicht vernimmt.
Mit offnen Flügeln, die jenen des Schwanes glichen, wies uns, der zu uns sprach, den Weg hinauf zwischen zwei Wänden harten Felsgesteins. Alsdann regt' er, uns überwehend, das Gefieder und bezeugt', daß »selig sind, die trauern, denn es werden des Trostes ihre Herzen mächtig sein«. (II 19, 40–51)
Unendliche Güte, ganz milde gewordene Kraft drücken sich im Ton der Sprache und in der Zartheit der mächtigen weißen Flügel aus.

Im fünften Kreise lösen sich Geiz und Habsucht, und schöne Freigebigkeit wird erworben.
Auf der Wanderung durch seine Qual und Hoffnung trägt sich ein Ereignis zu, worin sich das Wesen des Läuterungsberges offenbart. Die beiden Wanderer ziehen ihres Weges, da erbebt plötzlich der ganze Berg, und Dante wird »von einem kalten Schauer erfaßt, so wie er den zu fassen pflegt, der sterben geht«. Das ist nicht nur der Schrecken, der jeden überfällt, wenn die Erde, die Grundlage des menschlichen Stehens und Bauens wankt, sondern numinoser Schauer. Was hier vor sich geht, ist kein Naturereignis, aber auch kein Märchenvorgang, sondern etwas aus jenem Geschehen, von welchem der Rö-

---

(II 19, 40–51):
Seguendo lui, portava la mia fronte / come colui che l'ha di pensier carca, / che fa di sè un mezzo arco di ponte;
quand'io udi': »Venite, qui si varca« / parlar in modo soave e benigno, / qual non si sente in questa mortal marca.
Con l'ali aperte, che parean di cigno, / volseci in su colui che sì parlonne / tra' due pareti del duro macigno.
Mosse le penne poi e ventilonne, / »Qui lugent« affermando esser beati, / ch'avran di consolar l'anime donne.

merbrief spricht: »Denn das Verlangen der Schöpfung sehnt sich nach der Offenbarung der Söhne Gottes. Denn der Vergänglichkeit ist die Schöpfung unterworfen; nicht freiwillig, sondern durch den, der sie unterwarf; auf die Hoffnung hin, daß einst auch sie, die Schöpfung, von der Knechtschaft des Verderbens erlöst werden werde zur Freiheit der Herrlichkeit der Kinder Gottes. Denn wir wissen, daß die ganze Schöpfung mit uns in Seufzen und Wehen liegt bis auf diesen Tag. Nicht sie allein; auch wir, die wir die Erstlingsgabe des Geistes haben, auch wir seufzen in uns selbst im Harren auf diese Kindwerdung: der Erlösung unseres Leibes« (8, 19–23). Im *Purgatorio* vollzieht sich nicht nur das Werden des neuen Menschen, sondern auch der neuen Welt, welche durch den Menschen auf Gott hin besteht. Der Berg, die Erde erbeben, weil ein Mensch seine Buße vollendet hat; »die Herrlichkeit der Kinder Gottes in ihm offenbar geworden« und »sein Leib erlöst« ist – ebendarin sich aber auch für die Welt der Weg in die Herrlichkeit öffnet. »Von allen Seiten hob sich da ein Schrei: ›*Gloria in excelsis Deo!*‹, so gewaltig«, daß Vergil den ihm Befohlenen seines Schutzes glaubt versichern zu sollen. Die Wanderer stehen »bewegungslos und aufgehangen«, bis »das Beben schweigt«. Wie sie dann weitergehen, ist plötzlich ein Anderer neben ihnen und grüßt sie: »Liebe Brüder, gebe Gott Euch Frieden!« Es ist der frühchristliche Dichter Statius.

An der Grenze des Kreises, am neuen Übergang, steht wieder der Wächter:

Schon war der Engel hinter uns zurückgeblieben – der Engel, der zum sechsten Kreise uns gewiesen, nachdem er mir vom Angesicht ein Zeichen weggelöscht und selig vor uns die genannt, die ihren Sinn auf die Gerechtigkeit gerichtet haben. Und seine Stimme sprach das aus [indem sie bis zum Worte] »dürsten« die Seligpreisung sang, nicht weiter.[17] *Ich aber ging, leichter als durch die an-*

[17] »Selig die hungern und dürsten« Mt 5, 6. Den Rest der Preisung: »nach der Gerechtigkeit, denn die werden gesättigt werden«, singt, in erweitertem Wortlaut, der Engel am Übertritt zum siebenten Kreise, II 24, 151–154.

deren Pässe, so dahin, daß ohne Mühe ich den raschen Geistern bergwärts folgen konnte. (II 22, 1–9)
Die Erregung über das vorausgehende Erlebnis ist so groß, daß der Engel als Gestalt überhaupt nicht hervortritt.

Auf der nächsten Terrasse werden Genußsucht und Unmaß aus der Gesinnung der Enthaltsamkeit und Selbstbeherrschung überwunden. Den Gegensatz zwischen brennendem Entbehren und lieblicher Freiheit verkörpernd, erscheint der Engel:
»Was geht ihr drei selbander also sinnend?« sprach plötzlich eine Stimm', daß ich zusammenfuhr, so wie erschreckte Tiere scheuend tun. Ich hob den Kopf, zu sehen, wer es war, und niemals sah im Ofen [schmelzende] Gläser oder Erze man so leuchtend und so rot, wie ich da Einen sah, der sprach: »Wenn Ihr gewillt zu steigen seid, hier ist der Ort, um einzubiegen. Hier geht hindurch, wer je nach Frieden gehen will!«
Sein Anblick hatte mir die Kraft des Sehns genommen. Drum wandte ich mich meinen Lehrern nach, so wie ein Mann tut, der [weil blind] nach dem Gehöre geht. Und wie, Botin der Morgenfrühe, die Luft des Maien weht und duftet, von Gras und Blumen ganz durchhaucht, so fühlt' ich eine Luft über die Mitte meiner Stirn mir gehn, und fühlt' genau den weichen Fittich, der von Ambrosia den Wohlgeruch empfinden ließ. Und hörte sagen: »Selig, die soviel der Gnad' erleuchtet, daß die Lust des Gaumens ihnen nicht das Herz mit allzuviel Begierde füllt, sondern die immer nur soviel, als recht ist, hungern!« (II 24, 133–154)

(II 22, 1–9):
Già era l'angel dietro a noi rimaso, / l'angel che n'avea volti al sesto giro, / avendomi dal viso un colpo raso;
e quei c'hanno a giustizia lor disiro / detti n'avea beati, e le sue voci / con »sitiunt«, sanz'altro, ciò forniro.
E io più lieve che per l'altre foci / m'andava, sì che sanz'alcun labore / seguiva in su li spiriti veloci …

(II 24, 133–154):
»Che andate pensando sì voi sol tre?« / subita voce disse; ond'io mi scossi / come fan bestie spaventate e poltre.

Wieder ist die Herrlichkeit so übermächtig, daß sie Dante die Sehkraft nimmt. Dafür fühlt er Hauch aus Morgenfrühe, Maienfrische und Duft von jungem Grün, und den leichten Strich des Engelfittichs, der ihm ein »*P*« von der Stirne löscht.

Die siebente innere Terrasse bildet den letzten Bereich der Büßung. Sie wird von einem Flammengewölbe überbogen, das die Wollüstigen reinglüht.

Dante geht am äußersten Rande, wo die Flammen, von einem aus der Tiefe heraufziehenden Winde nach der Mitte geweht, freien Weg lassen. So bildet das Feuer einen Wall, der ihn von der Hochfläche des Berges, dem irdischen Paradiese, trennt. Plötzlich steht der Engel vor ihm und befiehlt ihm, durchzuschreiten:

... so ging der Tag zur Rüste, als Gottes Engel freudumflossen uns erschien. Er stand am Rande, außerhalb der Flamme, und sang: »Selig die reinen Herzens sind!« und seine Stimme war viel mehr als unsre klar.

Und dann: »Es geht nicht weiter, bevor euch nicht, ihr heilgen Seelen, das Feuer glüht. So geht hinein und für den Sang von drüben seid nicht taub.« (II 27, 5–12)

Drizzai la testa per veder chi fossi; / e già mai non si videro in fornace / vetri o metalli sì lucenti e rossi,

com'io vidi un che dicea: »S'a voi piace / montare in su, qui si convien dar volta; / quinci si va chi vuole andar per pace.«

L'aspetto suo m'avea la vista tolta; / per ch'io mi volsi dietro a'miei dottori, / com'uom che va secondo ch'elli ascolta.

E quale, annunziatrice de li albori, / l'aura di maggio movesi ed olezza, / tutta impregnata da l'erba e da'fiori;

tal mi senti' un vento dar per mezza / la fronte, e ben senti' mover la piuma, / che fè sentir d'ambrosia l'orezza.

E senti' dir: »Beati cui alluma / tanto di grazia, che l'amor del gusto / nel petto lor troppo disir non fuma, / esuriendo sempre quanto è giusto!«

(II 27, 5–12):

... onde'l giorno sen giva, / come l'angel di Dio lieto ci apparse.

Fuor de la fiamma stava in su la riva, / e cantava »Beati mundo corde!« / in voce assai più che la nostra viva.

Poscia: »Più non si va, se pria non morde, / anime sante, il foco: intrate in esso, / ed al cantar di là non siate sorde.«

Die Glut ist furchtbar, und Dante fühlt, daß er sie nicht nur in mit-leidendem Schauen, sondern leibhaftig wird erfahren müssen. Sie bildet die letzte Prüfung vor der Freiheit des neuen Menschen, zu der es nur »als wie durch Feuer« hindurchgeht. So scheut er zurück. Alles Alte in ihm bäumt sich auf. Vergil mahnt; ruft ihm den langen Weg ins Gedächtnis – »ich aber hart, und zwar gegen Gewissen!« Da, als Vergil ihn »stehen sieht, verstockt und hart« und Gefahr droht, daß der Sinn der ganzen gnadengewährten Wanderung verlorengehe, spricht er: »Nun sieh, o Sohn, nur einzig diese Mauer steht zwischen dir und Beatrice!« Da »löst' sich meine Härte, und ich wandte mich dem weisen Führer zu, als ich den Namen hört', der allezeit mir im Gemüte sprießt«. Er folgt der Weisung und tritt in die Flammen. Die Qual geht über alles Maß: *»incendio senza metro«*. Vergil, um ihm zu helfen, spricht von Beatrice: »ich glaube ihre Augen schon zu sehn« – und eine süße mächtige Stimme, welche von drüben her die Worte des göttlichen Willkomms singt: *»Venite, benedicti Patris mei!«* zeigt ihnen den Weg durch den Brand.

Nun hat Dante die Buße überstanden. Das Schicksal der begegnenden Seelen mitleidend, hat er die Umwandlung der Gesinnung ins Sein erfahren.
Im Angesicht der Holdseligkeit des irdischen Paradieses, das sich vor ihnen öffnet, spricht Vergil den Jünger frei:

»Sieh da die Sonne, wie sie dir ins Antlitz strahlt! Sieh da das Gras, die Blumen und die zarten Sträucher, welche die Erde hier aus eigner Kraft hervorbringt! Bis daß von Freud' erfüllt die schönen Augen kommen, die mich mit ihren Tränen dir zu nahn bewogen, magst du dich niederlassen, oder unter ihnen dich ergehn. Von nun an warte du nicht mehr auf Wort von mir noch Wink. Frei, grad und heil ist nun dein Wollen, und Sünde wär', ihm nicht zu folgen: So setz' ich dich zum Kaiser und zum Papst über dich selbst!« (II 27, 133–141)

Große Verse! Worte, in denen das Mittelalter ein Letztes sagt. Man weiß nicht alles von ihm, solange man diese Worte nicht verstanden hat.

(II 27, 133–141):
»Vedi lo sol che in fronte ti riluce, / vedi l'erbetta, i fiori e li arbuscelli, / che qui la terra sol da sè produce.
Mentre che vegnan lieti li occhi belli / che, lacrimando, a te venir mi fenno, / seder ti puoi e puoi andar tra elli.
Non aspettar mio dir più nè mio cenno: / libero, dritto e sano è tuo arbitrio, / e fallo fora non fare a suo senno:
per ch'io te sovra te corono e mitrio.«

VI. Die Begleiter Beatrices im irdischen Paradies

Nun hören die Engel als Einzelgestalten auf. Von nun ab ist es – mit Ausnahme des Erzengels Gabriel, der Maria zugeordnet ist und von dem bald die Rede sein wird – immer das himmlische Heer, das erscheint.

Zum ersten Male treffen wir die Engelsscharen im irdischen Paradiese.

In heiliger Schönheit entfaltet sich, von der singenden Matelda lieblich verkörpert, der Garten Eden – Ausdruck des Einklangs zwischen dem ganz gut und frei gewordenen Menschenwillen und der Gottesschöpfung. Dann kommt den Wanderern der geheimnisvolle Zug der Kirche – richtiger sagt man wohl: die apokalyptische Vision der heiligen Geschichte – entgegen und schließt sich im Kreise um den mystischen Wagen (II 28 und 29). Plötzlich erscheint eine große Zahl von Engeln:

Gleichwie beim letzten Ruf die Sel'gen all aus ihren Gräbern rasch erstehen werden, dem neugeschenkten Leib das Alleluja singend – also erhoben auf dem göttlichen Gefährt sich Hunderte beim Wort des hohen Greises, Diener und Boten ew'gen Lebens.

»Gelobt sei, der da kommt!«, so sprachen alle, und warfen Blumen auf zur Höh' und ringsumher. (II 30, 13–20)

Diese Engel sind Ausbruch himmlischer Fülle. Sie dringen dem Wanderer, der zur Höhe steigt, aus dem Himmel entgegen, und umgeben, was nun geschehen wird, mit ihrer Aufmerksamkeit und Liebe.

(II 30, 13–20):
Quali i beati al novissimo bando / surgeran presti ognun di sua caverna, / la revestita carne alleluiando;
cotali in su la divina basterna / si levar cento, ad vocem tanti senis, / ministri e messaggier di vita etterna.
Tutti dicean: »Benedictus qui venis!« / e fior gittando di sopra e dintorno …

In ihrer Mitte erscheint Beatrice:
Ich habe schon gesehn, wie beim Beginn des Tags der Osten ganz in Rosen war, während der Himmel sonst in schöner Bläue leuchtete; und wie der Sonne Angesicht umschattet aufging, daß das Auge es, vom Dunst gemildert, lange Zeit ertragen konnte: also erschien inmitten einer Blumenwolke, die von den Engelshänden drin und draußen stieg und sank, mir eine Frau, bekränzt auf weißem Schleier mit Olivenzweigen, und unter grünem Mantel in die Farbe lebend'ger Flamm' gekleidet. Und mein Geist, der schon so lange Zeit nicht mehr in ihrer Gegenwart, von heilgem Staunen übermannt, gezittert hatte – obgleich die Augen ihn noch nicht belehrt, empfand er durch geheime Kraft, die von ihr ausging, der alten Liebe große Macht. (II 30, 22–39)
Über Beatrices Stellung in der Göttlichen Komödie überhaupt wie vor allem in dieser Szene kann hier nicht gesprochen werden. Eines soll nur mit allem Nachdruck gesagt sein: Sie bedeutet keine Allegorie. Weder des Himmlischen, noch der Gnade, noch auch der Theologie – und man hat Mühe, zu verstehen, wie sie dazu gemacht werden konnte. Beatrice war die Tochter des Folco Portinari, die als Kind von acht Jahren dem neunjährigen Dante begegnete, und im Alter von vierundzwanzig Jahren sterben mußte. Das ist sie für ihn bis an sein Lebensende, auch in seiner Dichtung, geblieben. Sie ist für ihn alles gewesen: Ausdruck der Gnade; Unterpfand und Forderung des Höchsten; Inbegriff der Schönheit – stets aber so, daß

(II 30, 22–39):
Io vidi già nel cominciar del giorno / la parte oriental tutta rosata, / e l'altro ciel di bel sereno adorno;
e la faccia del sol nascere ombrata, / sì che, per temperanza di vapori, / l'occhio la sostenea lunga fiata:
così dentro una nuvola di fiori / che da le mani angeliche saliva / e ricadeva in giù dentro e di fori,
sovra candido vel cinta d'uliva / donna m'apparve, sotto verde manto / vestita di color di fiamma viva.
E lo spirito mio, che già cotanto / tempo era stato che a la sua presenza / non era di stupor, tremando, affranto,
sanza de li occhi aver più conoscenza, / per occulta virtù che da lei mosse, / d'antico amor sentì la gran potenza.

sie nie aufgehört hat, jener bestimmte lebendige Mensch zu sein, der sie gewesen.[18] Nicht nur der wesentliche Zauber der großen Dichtung, sondern auch deren innerster Sinn geht verloren, wenn die Geschichtlichkeit Beatrices aufgelöst wird. Wir werden im Lauf dieser Untersuchung noch darauf zurückzukommen haben.

Die Freiheit, zu welcher Vergil seinen Schüler losgesprochen, hat im letzten die Kraft zur Rechenschaft vor Beatrice bedeutet. Vor ihr machte Dante die bitterste Buße durch, schwerer als Höllengang und Bergesanstieg: Er muß seinen Abfall bis auf den Grund durchleben, ermessen und bekennen. Erst nachdem alles ins klare gestellt ist, wird er wirklich, vor dem Himmel, frei, und kann unter Beatrices Führung zu den Sphären aufsteigen.

Die Engel aber umgeben das ganze Geschehen mit ihrer Liebe. Sie müssen wollen, daß Wahrheit werde, dennoch nehmen sie Partei für den Büßenden und verlangen, daß ihm bald verziehen werde (30, 94–96). Dann kehren sie zur Höhe zurück, und der Aufstieg beginnt.

[18] Wenn ich recht sehe, gibt es in der Dichtung eine einzige Gestalt, die eine ähnliche Verbindung von irdischer Konkretion und metaphysischer Sinnfülle darstellt: Hölderlins Diotima. Sie ist Susette Gontard, die anmutige, innige, von frühem Tod hingeraffte Gattin des Frankfurter Bankiers, zugleich aber auch die »Athenerin« und »Göttertochter«. Natürlich bedeutet Diotima etwas anderes als Beatrice – ganz abgesehen davon, daß das Phänomen viel zarter und, weil auf Hölderlins Mythologie bezogen, unbestimmter ist. Dem Range des Sinngehalts wie des Menschen nach kann die Gestalt der Diotima neben jener, worin die ungeheure Glut und Präzision der Danteschen Welt ihren Ausdruck gefunden hat, nicht bestehen. Das aber, worauf es hier ankommt: die Einheit von Geschichte und Ewigkeit in der geliebten Frau, scheint beiden gemeinsam.

VII. Der Himmel und seine Natur

Die Region des Himmels, von welcher der dritte Teil der Göttlichen Komödie spricht, zu bestimmen, ist nicht leicht. Die herkömmliche Einschätzung der Göttlichen Komödie stellt das *Inferno* am höchsten; das *Purgatorio* in einigem Abstand darunter; mit dem *Paradiso* kann sie überhaupt nicht viel anfangen, und sieht in ihm den durch lange Reden durchsetzten Versuch, das Ungestaltbare zu gestalten. In Wahrheit geht die Rangordnung umgekehrt: Das *Paradiso* steht an Inhalt wie an Leistung zuhöchst; allerdings muß man von ihm auch sagen, es bleibe hinter seinem Gegenstand am weitesten zurück, weil dieser irdische Kräfte einfachhin übersteigt. Die Dichte des *Inferno* zu gestalten, will schon viel leichter gelingen, als die im Geheimnis des Übergangs befindlichen Wesen und Zuständlichkeiten des *Purgatorio*. Wiederum ist es gerade dieser Übergang, der uns das *Purgatorio* nahebringt. Das *Paradiso* hingegen meint einen Zustand der Absolutheit, der sich jeder Anschauung entzieht: So stellt es dem Dichter die Aufgabe, das Über-Sagbare, die alles in sich heimholende heilige Einheit zu gestalten.

Wenn freilich die Dante-Ästhetik der Neuzeit den ersten Teil der Göttlichen Komödie als so ohne weiteres faßlich rühmt, dann kommt sie in den Verdacht, seinen eigentlichen Gegenstand noch gar nicht gesehen zu haben. Denn einmal ist, wenn dessen Gestalten wirklich vor Augen kommen sollen, eine besondere Leistung vorausgesetzt: daß der Lesende in den Mitvollzug der Vision eintrete. Abgesehen davon aber liegt ja der Sinn des *Inferno* – wie der ganzen *Commedia* – gar nicht im bloß »Dichterischen«, sondern der Leser muß, wenn er verstehen will, worum es sich in ihr auch künstlerisch handelt, verstanden haben, was ewiges Heil und Unheil bedeuten … Das *Purgatorio* verlangt darüber hinaus, daß er wenigstens in der Sehnsucht etwas davon erfahren habe, was das Werden des neuen Menschen, seine Not und seine Hoffnung meinen. Dann erst fühlt er jene unendliche Verheißung, die über den Berg der Läuterung geht ... Noch einmal höher sind die Voraussetzungen für das Verständnis des *Paradiso*. Dessen Stimmung ist die des entrückten Schauens. Ziel seiner Bewegung ist das Empyreum, der überräumliche Raum, der ebensoviel objektiver Ort wie Bewußtseinssphäre Gottes ist, und in den einzutreten die Ekstase voraussetzt.[19] Dieser Charakter bricht in den letzten Gesängen allbeherrschend durch, bereitet sich aber schon am Anfang des *Paradiso* vor – wir erinnern nur an die wunderbaren Verse, mit denen der Aufstieg Dantes beginnt. (Par. I, 64–75)

Dieser Aufstieg geht von einer Himmelssphäre zur anderen. Auf Grund des mittelalterlichen Weltbildes gesehen, bedeutet er zunächst eine räumliche Bewegung von der Erde, die als unbewegte Kugel in der Mitte des Weltsystems liegt, zu den »Sphären«. Diese stellen gewaltige, aus unzerstörbarer, durchsichtiger Substanz bestehende Kugelschalen dar, acht im ganzen, welche sich um die Erde und jeweils umeinander legen. Bis auf die letzte, die ganz frei ist, tragen sie die Gestirne in sich, und kreisen mit diesen um die Erde. Die Bewegung des Aufstiegs geht also nach oben und nach außen; in die Höhe und in die Weite[20] ... Die Sphären sind aber zugleich Stufen der Entrückung in die Tiefe Gottes. Das wird vor allem in der

[19] Der Sinn des Wortes »Ekstase« ist nach allen erdenklichen Richtungen hin zerstört: ins Ästhetische, Sinnliche, Krankhafte – so sehr, daß eine um den Sinn des Christlichen besorgte Theologie sich verpflichtet glauben kann, alles »Ekstatische« aus ihm hinauszutun und es auf die »reinen« Kategorien der Person, des Wortes, des Hörens, Gehorchens usw. zu beschränken. Man kann das verstehen; doch wird dadurch die Tatsache nicht weggeschafft, daß es auch im Christlichen die Ekstase gibt. Und was not tut, ist nicht, mit einem Kraftbeschluß das Mißbrauchte wegzubefehlen, sondern zu unterscheiden. Schon religionswissenschaftlich gesprochen gibt es die echte und die unechte Ekstase; dann gibt es, theologisch gesprochen, die allgemein-religiöse und die christliche. Die christliche Ekstase aber ist eine rechtmäßige Form, wie Gott, wenn es ihm so gefällt, Hand auf den Menschen legen und seine Macht an ihm erweisen kann.

[20] Die ganze Göttliche Komödie ist auf diesem ptolemäisch-mittelalterlichen Weltbilde aufgebaut. Und nicht nur so, daß es den bloßen Schauplatz für das

Schilderung der Himmelsrose klar, von welcher gesagt ist, daß in ihr das ganze durch das kosmische System der Sphären hin ausgebreitete Menschendasein einbegriffen und lebendig sei. [Siehe weiter unten, S. 86 ff] Dadurch wird jede Raumordnung überschritten. Fern und Nah hören auf, und Alles ist in Allem. Von hier aus bedeutet der Übergang von einer Sphäre zur anderen – nicht ein immer härteres Hinabdringen wie im *Inferno;* auch nicht ein immer leichter werdendes Steigen und Schweben wie im *Purgatorio,* sondern ein fortschreitendes Entrücktwerden ins »Andere«. Die in den Sphären auseinanderliegenden Ordnungen und Gestalten durchdringen einander darin; so bedeutet die Bewegung des Steigens zugleich einen Vorgang der Vereinigung. Ohne daß etwas von der Reinheit verlorenginge, die an der Scheidung von So und Anders, Ich und Du hängt, vollzieht sich eine immer stärkere Einung von Allem mit Allem in Gott. Das muß irgendwie empfunden und in der Sehnsucht vorweggenommen sein, wenn der dritte Teil der Göttlichen Komödie verstanden werden soll.

Das *Paradiso* spricht von jener ewigen Ordnung, welche entsteht, wenn die Fülle des Heilig-Guten sich in den Geschöpfen Gottes verwirklicht. Dieses Dasein ist ganz Wahrheit, Unverborgenheit, Offenheit. Das Innere ist Gestalt geworden, und das Äußere lautere Tiefe. Das Dasein steht in reiner Gegenwärtigkeit; hat kein verhehltes Geheimnis mehr. Alles ist Licht

eigentliche Geschehen bildete, sondern es gehört in den engeren Gegenstand der Dichtung hinein, denn diese ist ein Lied von der Welt. So erhebt sich die Frage, ob sie dadurch nicht in einem tragischen Sinne überholt und ihr Verständnis zu einer Angelegenheit historischen Studiums gemacht sei. Das ist aber in keiner Weise der Fall. Und nicht nur, weil das Menschliche oder Künstlerische in ihr so stark wären, daß sie den Leser vergessen machten, wie falsch die astronomischen Vorstellungen sind, sondern die Göttliche Komödie ist auch in ihrem Weltbilde gültig, weil dieses das Bild des unmittelbaren Daseins ist. Für unsere menschliche Selbsterfahrung ist trotz aller Astronomie die Erde doch der Mittelpunkt, und für das christliche Bewußtsein ist sie das in einem noch höheren Sinne, wenn das auch vom wissenschaftlichen Bewußtsein her immer wieder in Frage gestellt wird. Für unser Auge und für unser Herz baut die Welt sich um die Erde auf, und solange das wissenschaftliche Bewußtsein nicht in die unmittelbare Vorstellung und ins erste Gefühl eingegangen ist, bleibt das Weltbild Dantes wahr.

– freilich gibt es für das noch nicht sehend gewordene Auge nichts Geheimeres. Die Ordnungen und Gestalten des *Paradiso* sind aus Licht gebildet, und Dante muß in Licht modellieren. Auch die Musik wird bedeutungsvoll; Melodie, Lied, Hymne. Darüber wäre viel zu sagen – ebenso, wie über die verschiedenen Weisen der Bewegung, bis zu den dionysischen Formen des Kreisens und Tanzens. Alles drückt das Wirklichkeit gewordene Heilig-Gute aus. Dessen mannigfaltige Formen aber ordnen sich zu einem Ganzen: der erlösten Welt, der neuen Schöpfung, dem Reiche Gottes.

Darin wird Gott selbst fühlbar. Auch über die Weise, wie in der Göttlichen Komödie Gott erscheint, wäre eingehend zu handeln. Über die eigentümliche Zurückhaltung, mit der von ihm gesprochen wird, und die so streng ist, daß sie den neuzeitlich Empfindenden zum Urteil veranlassen könnte, die Dichtung sei im Grunde gar nicht religiös. In der Göttlichen Komödie gibt es keine »Innerlichkeit« in unserem Sinne, sondern nur Wesenheiten und Mächte. In ihr fehlt fast ganz, was für uns »religiöses Erleben« heißt; es gibt nur Geschehnis, Entscheidung, Konsequenz, Zustand, Sein. So ist auch Gott nicht der »Erlebte«, im Bewußtsein Getragene, sondern der Seiende. Aber der Überbegreiflich-Seiende, dessen Geheimnis darin zum Ausdruck kommt, daß von ihm unmittelbar nur wenig gesprochen wird. Im *Inferno* so gut wie gar nicht; an seiner Stelle, Ihn dem Blick verhüllend, stehen symbolische Gestalten und Ordnungen. Im *Purgatorio* wird er als das Ziel der Werdebewegung deutlich, die über den Berg hingeht. Für das *Paradiso* ist er Alles in Allem, aber auch da noch in eigentümlicher Zurückhaltung. Nur selten findet sich eine offene Gottesschau; die allerfüllende Erkenntnis am letzten Schluß aber vollzieht sich in der Form, daß der Blitz in den Geist schlägt, und ohne irgendwelche Beschreibung oder Analyse, hart abreißend, alles zu Ende kommt.

Dieses zu gestalten, war die – man darf ohne weiteres sagen, unlösbare – Aufgabe des *Paradiso;* so gehört das Versagen wesentlich zum Werk.

Die Engel aber – um zu unserem Gegenstande zurückzukehren – stehen im seligen Mitvollzuge der unendlichen Erfüllung. In ihnen triumphiert das Reich Gottes. Sie dienen keiner Aufgabe mehr, denn jede Aufgabe ist erfüllt. Sie überbringen keine Botschaft mehr, denn alles ist offenbar, und der Wille Gottes zur Form des Daseins geworden. Dennoch vollziehen sie ein ewiges Tun, das Vollendung und Dienst unsäglich zusammenfaßt: In der Himmelsrose weben sie die All-Gegenwart und All-Gemeinschaft des seligen Lebens.
So haben die Engelsvisionen des *Paradiso* etwas Überschwengliches; eine *»superabundantia«,* würde der heilige Bonaventura sagen, dem Dante im Sonnenhimmel so tiefe Worte in den Mund legt. Etwas Heilig-Dionysisches; ein Un- und Übermaß, das aber doch immer von strengster Form gebändigt ist.

VIII. Der Erzengel Gabriel im Triumphzug Christi

Auf dem Wege von der ersten bis zur achten Himmelssphäre hören wir von keinem Engel. Erst in der achten, dem Fixsternhimmel, erscheinen sie.

Zuvor aber noch ein Wort über die Sphären. Sie bedeuten, wie wir bereits gesehen haben, zunächst Elemente des ptolemäisch-mittelalterlichen Weltsystems. In Dantes Dichtung sind sie darüber hinaus Jenseitsbereiche – ebenso wie der Höllentrichter, der von der Erdoberfläche zum Mittelpunkt reicht, und der Läuterungsberg, welcher auf der Insel im südlichen Weltmeer liegt. Diese drei Bereiche sind hierarchisch gebaut; Ordnungen von Werten oder Widerwerten; von heiligem oder verlorenem oder sich läuterndem Dasein.

Was insbesondere die Sphären angeht, so entfaltet sich in ihnen die Fülle des Heilig-Guten. Hier ist es Wirklichkeit; Gestalt und Macht.

Einmal so, daß jeweils in der einzelnen Sphäre die Seelen erscheinen, in deren Dasein der betreffende Wert bestimmend war. So wird dieser zur »Tugend«; zum lebendigen Gestaltcharakter ... Darüber hinaus stellen dann die Sphären die Form dar, wie das Gute Weltmacht ist. Sie bilden nämlich nicht nur riesenhafte Massen und Bereiche, sondern auch Energien. Diese Energie aber hat Licht-, das heißt Wertcharakter; und ihre Wirkung ist *»influentia lucis«*.[21] Die Werte – wir gebrau-

[21] Dante steht mit seinen Vorstellungen vom materiellen, geistigen und pneumatischen Licht in einer großen Tradition, über welche Cl. Baeumker in einem großen Exkurs seiner Schrift »Witelo, ein Philosoph und Naturforscher des XIII. Jahrhunderts«, Münster 1908, berichtet. Siehe auch Guardini, Die Lehre des heiligen Bonaventura von der Erlösung[= Systembildende Elemente in der Theologie Bonaventuras, hrsg. v. W. Dettloff, Leiden 1964]. Düsseldorf 1921, S. 148 ff. Ausführlicher eine noch ungedruckte Arbeit über »die Lehre vom *lumen mentis,* von der *gradatio entium* und von der *influentia sensus et motus* und ihrer Bedeutung für das theologische System Bonaventuras«.

chen den Begriff so, wie er sich in die alte Philosophie einfügt: als Sonderformen und Gestalten des Guten – regieren durch sie die Welt ... Nun kompliziert sich aber der Sachverhalt, und ich weiß nicht, ob die Deutung zuverlässig bleibt; immerhin soll sie versucht werden. Jene Regierung sichert den Bestand der Welt; ist also zunächst etwas »Natürliches«. Einst wird aber diese natürliche Weltmächtigkeit des Guten von der Gnade in die neue Schöpfung hineingeholt. »Das Gute« wird ins »Heilige«, die »Werte« werden in »die göttlichen Tugenden« aufgenommen. Die Sphären aber, die jetzt astronomischen und metaphysisch-symbolischen Charakter haben, werden die Ordnung der in Gottes Licht heimgeholten Schöpfung, in welcher das Heilige offen waltet, darstellen und pneumatische Natur gewinnen. Eben das ist es, was im *Paradiso* geschildert wird. Die Sphären im dritten Teil der *Divina Commedia* sind wohl die »natürlichen«, aber sofern sie in die kommende neue Schöpfung übergehen. Sie haben im Grunde eschatologischen Charakter – wie das vor allem aus ihrem bald zu behandelnden Verhältnis zur Himmelsrose hervorgeht.
Die unteren Sphären nun verkörpern einzelne Tugenden; Sondergestalten des Guten. Die achte und neunte hingegen, der Fixstern- und der Kristallhimmel, haben universelle Bedeutung. In ihnen erscheint das Heilig-Gute, sofern es sich auf das Ganze des Daseins richtet: im Fixsternhimmel als Lenker der Geschichte; im Kristallhimmel als Schöpfer und Ordner der Natur.

Wie wichtig die Stelle, die uns hier beschäftigt, für das Ganze der Wanderung ist, wird daraus deutlich, daß Dante, bevor er in den Fixsternhimmel eintritt, von Beatrice aufgefordert wird, zurückzuschauen.
»Du bist dem letzten Heil so nahe«, hub Beatrice an, »daß deine Augen klar und scharf sein müssen. Darum, bevor du dich ihm tiefer einest, blicke hinab und sieh, welch Maß von Welt ich dir bereits zu Füßen liegen machte.« (III 22, 124–129)

Bald soll er den Schritt in das innerste Gottesgeheimnis tun. Aber nicht als bloßer Metaphysiker oder Ekstatiker, der sein endliches Dasein abzustreifen und im Absoluten oder Über-Einen aufzugehen sucht, sondern als Christ, der in Geschichte gestellt und für sie verantwortlich ist. Bevor er ins Unnennbare eingeht, soll er den Ausgangspunkt und das Dazwischenliegende; die Erde und die durchquerten Gestirnssphären ins Bewußtsein bekommen. Das Geschehen, in dem er steht, ist »Weg«, mit Ausgang und Ziel, kein Erlöschen im Über-Einen. So heißt es:

Mit meinem Blick kehrt' ich zurück durch all die sieben Sphären, und sah die Erdenkugel, sogestalt, daß ihre Winzigkeit mich lächeln machte. Und jenen Rat muß ich als besten loben, der sie gering einschätzt; und wer an andres denkt [als an die Erde], der kann wahrlich bewährt geheißen werden.

Ich sah Latonas Tochter, hell, ohne den Schatten, der mich dazu gebracht, in ihr nach Dicht und Dünn zu unterscheiden.[22] *Den Anblick deines Sohnes, Hyperion, drauf ertrug ich; und sah, wie rings um ihn und nah bei ihm sich Maia und Dion' bewegen. Alsdann erschien mir Jupiters maßhaltend Bild, zwischen dem [kühlen] Vater und dem [heißen] Sohn; und nun wurde mir klar, wie sich ihr aller Ort verändert.*

Und alle sieben zeigten sich in ihrer Größe mir und Schnelligkeit, und wie in sicherer Entfernung jedes von dem anderen läuft.

Und nun ich mit den ewgen Zwillingen hinkreiste [durch den Raum], erschien mir auch das Land, das uns so wüten macht, in seiner ganzen Dehnung, von den Bergen zu [der Flüsse] Mün-

---

(III 22, 124–129):

»Tu se' sì presso a l'ultima salute« / cominciò Beatrice, »che tu dei / aver le luci tue chiare ed acute.

E però, prima che tu più t'inlei, / rimira in giù, e vedi quanto mondo / sotto li piedi già esser ti fei ...«

[22] Anspielung auf ein Gespräch über die Natur der »Flecken« im Mondbild; III 2, 49–148.

dung. Dann wandt' ich meine Augen neu den schönen Augen zu.[23] (III 22, 133–154)
Fern und klein liegt die Erde in den ungeheuren Ordnungen, und es hängt alles davon ab, daß der Mensch sehe und liebe, was größer ist als sie. Dennoch ist sie die Erde und redet zum Herzen. Sie ist die unsere; und sie ist der Raum, in dem jene Geschichte sich zuträgt, deren Entscheidungen die ewigen Bereiche erfüllen.

Ein lebensvoll gezeichnetes Bild regt eine Erwartung an, die dann immer höher steigt:
So wie der Vogel, der im heimischen Gezweig am Neste seiner lieben Brut die Nacht hindurch, die uns die Ding' verbirgt, geruht, nun [wieder] der ersehnten Welt Gestalten sehen will und Speise finden, [seine Brut] zu nähren – schwere Müh', die ihm doch teuer ist – darum der Zeit auf [höchstem] freiem Zweig [sitzend] vorauseilt und mit glühender Liebe auf die Sonne wartet, unverwandt

---

(III 22, 133–154):
Col viso ritornai per tutte quante / le sette spere, e vidi questo globo / tal, ch'io sorrisi del suo vil sembiante;
e quel consiglio per migliore approbo / che l'ha per meno; e chi ad altro pensa / chiamar si puote veramente probo.
Vidi la figlia di Latona incensa / sanza quell'ombra che mi fu cagione / per che già la credetti rara e densa.
L'aspetto del tuo nato, Iperione, / quivi sostenni, e vidi com si move / circa e vicino a lui, Maia e Dione.
Quindi m'apparve il temperar di Giove / tra'l padre e'l figlio; e quindi mi fu chiaro / il variar che fanno di lor dove.
E tutti e sette mi si dimostraro / quanto son grandi, e quanto son veloci, / e come sono in distante riparo.
L'aiuola che ci fa tanto feroci, / volgendom' io con li etterni Gemelli, / tutta m'apparve da'colli a le foci, Poscia rivolsi li occhi a li occhi belli.

[23] Nach der Erde werden genannt: der Mond (Diana, Tochter der Latona); die Sonne (Sohn Apollons); Merkur und Venus (Kinder der Maia und der Dione); Jupiter mit seinem milden Glanz zwischen Saturn und Mars. Die »Zwillinge« sind das Sternbild, das dem unter seinem Zeichen Geborenen Kraft des geistigen Arbeitens gibt, mithin auch das Zeichen Dantes, und III 22, 112–123 ruft er als Hüter seines Genius an. Nun er im Fixsternhimmel steht, also in der Sphäre des Tierkreises, sieht er sich zusammen mit seinem Gestirnzeichen deren Bewegung vollziehen.

schauend, ob nicht wenigstens das Morgengraun erscheine – so stand hochaufgerichtet und aufmerksam meine Fraue, nach jener Seite hingewendet, wo die Sonne im wenigst schnellen Lauf dahinzieht. (III 23, 1–12)

Beatrice erscheint ganz als das, was sie ist: »seine Fraue« – zugleich die mit dem heiligen Reich Vertraute, welche die Zeichen versteht. Dort, wohin sie blickt, im Mittag, wird es »heller und immer heller«; dann sagt sie:

»Sieh' dort von Christi Siegeszug das Heer, und wie die ganze Ernte aus dem Kreisen dieser Sphären heimgetragen wird!«

Mir schien, ihr Angesicht stand ganz in Glut; und ihre Augen hatte sie von Freude so erfüllt, daß ich von allem Schildern abstehn muß. (III 23, 19–24)

Der »Zug« ist eine Urform aufgipfelnden Lebens. Darin erfährt es Großheit, Sieg, Herrschaft. So ist dieser Zug ein Triumph des Himmels – darüber hinaus aber noch mehr: Was überall in den Sphären lebt, ist der Ertrag der Geschichte, heimgebrachtes Menschendasein. Das ist dort ausgebreitet, in Ordnungen gegliedert, damit Dante ihm begegnen, es unterscheiden und sich aneignen könne. Diese Ausfaltung bildet aber nicht die letzte Form des himmlischen Daseins. Eigentlich lebt es in der absoluten Heimholung, welche durch die Himmelsrose ausgedrückt ist und von der gleich zu handeln sein wird. In dieser Vision erlebte Dante die Hinübergehörig-

---

(III 23, 1–12):
Come l'augello, intra l'amate fronde, / posato al nido de'suoi dolci nati / la notte che le cose ci nasconde,
che, per veder li aspetti disiati / e per trovar lo cibo onde li pasca, / in che gravi labor li sono aggrati,
previene il tempo in su aperta frasca, / e con ardente affetto il sole aspetta, / fiso guardando pur che l'alba nasca;
così la donna mia stava eretta / e attenta, rivolta inver la plaga / sotto la quale sol mostra men fretta …

(III 23, 19–24):
E Beatrice disse: »Ecco le schiere / del triunfo di Cristo, e tutto il frutto / ricolto del girar di queste spere!«
Pariemi che'l suo viso ardesse tutto; / e li occhi avea di letizia sì pieni, / che passar men convien sanza costrutto.

keit des Ausgebreiteten in die Einbegreifung; den Zusammenhang der Sphären mit der Himmelsrose; die Heimholung der »Ernte der Zeit« in »die ewigen Scheuern«.

Das heilige Geschehen ist aller Gestirnherrlichkeit voll:

Und über Tausenden von Lichtern sah ich eine Sonne, die sie all entflammte, wie die unsere mit unsern Himmelsaugen tut. Durch das lebend'ge Licht hindurch schien mir die helle Wesenheit so leuchtend in die Augen, daß sie's nicht mehr ertrugen. (III 23, 28–33)

Eine der seltenen Stellen, wo von einer eigentlichen Gottesschau gesprochen wird. Dann sagt Beatrice:

Was dich übermächtigt, ist die Kraft, der keiner sich erwehrt. Hier ist die Weisheit und die Macht, welche die Straßen zwischen Himmel und der Erd' geöffnet hat, nach denen also lang die Sehnsucht rief. (III 23, 35–39)

Wie immer wieder in der Göttlichen Komödie ist es der Gegenstand selbst, der die Kraft gibt, ihn zu erfassen. Nicht von unten nach oben, nicht vom Subjekt nach außen geht die entscheidende Bewegung, sondern von oben nach unten, und von der in sich stehenden, herantretenden Wirklichkeit zum Organ. Die gleiche Gottesherrlichkeit, an welcher das Auge versagt hat, erzeugt ihm neue Sehkraft:

So wie das Feuer aus der Wolke stürzt, weil es sich weiter breiten will, als deren Räume reichen, und, über die Natur weggehend, abwärts fährt – so trat mein Geist, an jener Mächte Speis' gewachsen, über sich selbst hinaus, und was er nachher tat, weiß ich nicht mehr. (III 23, 40–45)

(III 23, 28–33):
… vidi sopra migliaia di lucerne / un sol, che tutte quante l'accendea, / come fa il nostro le viste superne;
e per la viva luce trasparea / la lucente sustanza tanto chiara / nel viso mio, che non la sostenea.

(III 23, 35–39):
Ella mi disse: »Quel che ti sobranza / è virtù da cui nulla si ripara.
Quivi è la sapienza e la possanza / ch'aprì le strade tra'l cielo e la terra, / onde fu già si lunga disianza.«

Sein Geist geht in der Ekstase unter. Beatrice ruft ihn zu sich. Zuerst ist er noch ganz gebunden,

... wie jener, der das vergeßne Bild noch fühlt, jedoch vergeblich sich müht, es wieder seinem Geist zurückzuführen. (III 23, 49–51)

Dann aber wendet er sich, von ihr gemahnt, dem großen Schauspiel zu, das sich vor ihm entfaltet:

... dem schönen Garten, der unter Christi Strahlen blüht. Da ist die Rose, in der Gottes Wort Fleisch wurde, und da sind die Lilien, nach deren Duft der rechte Gang sich richtet. (III 23, 71–75)

Maria also und die Apostel.

So wie schon meine Augen, selbst im Schatten, aus einem Wolkenriß den reinen Strahl hervorgehn sahen, und eine blumenübersäte Wiese in seinem Licht [aufleuchten] – so sah ich viele Lichterscharen himmelher durch glühnde Strahlen überblitzt, von deren Blitzen ich den Ursprung nicht erschauen konnte.

O milde Kraft, die also sie durchstaltet, Du hobst Dich hoch hinweg, um meinen Augen, da sie ohnmächtig wurden, Raum zu schenken! (III 23, 79–87)

(III 23, 40–45):
Come foco di nube si diserra / per dilatarsi sì che non vi cape, / e fuor di sua natura in giù s'atterra,
la mente mia così, tra quelle dape / fatta più grande, di se stessa uscio, / e che si fesse rimembrar non sape.

(III 23, 49–51):
Io era come quei che si risente / di visione oblita e che s'ingegna / indarno di ridurlasi a la mente ...

(III 23, 71–75):
»... che tu non ti rivolgi al bel giardino / che sotto i raggi di Cristo s'infiora?
Quivi è la rosa in che il verbo divino / carne si fece; quivi son li gigli / al cui odor si prese il buon cammino.«

(III, 23, 79–87):
Come a raggio di sol, che puro mei / per fratta nube già prato di fiori / vider, coverti d'ombra, li occhi miei,
vid'io così più turbe di splendori / fulgorate di su da raggi ardenti, / sanza veder principio di fulgori.
O benigna vertù che sì li'mprenti, / su t'esaltasti, per largirmi loco / a li occhi lì che non t'eran possenti.

Solange Gott selbst in den Augen steht, kann Dante neben ihm nichts anderes sehen. So gibt Gott Raum – das tief berührende Mysterium streift den Geist, wie Gott, solange der Mensch *»in statu viatoris«* ist, gleichsam an sich halten und Raum machen muß, damit das Geschöpf jene Freiheit des Seins und Wollens habe, deren es bedarf, um – auch gegen Gott – entscheiden zu können.
Dann sammelt Dantes Blick sich auf Maria.
Der Nam' der schönen Blume, die ich stets am Morgen und am Abend rufe, zwang mir da den ganzen Geist zusammen, daß er sich dem hohen Glanz zuwende. (III 23, 88–90)
Der zugemessene Raum erlaubt nicht, die Frage zu stellen, wie die Gestalt Marias in der Göttlichen Komödie erscheint und welche Bedeutung sie darin hat. Sie würde die andere nach der Gestalt Christi nach sich ziehen; weiter die nach dem Gottesbilde, nach dem Bild der Kirche und der Stellung Beatrices in den heiligen Bezügen. Für alles das muß ich auf die mehrfach genannte größere Arbeit verweisen. Hier kann nur gesagt werden, daß Dante durchaus nicht »nur Dichter«, und im Gedanklichen kein bloßer Eklektiker ist, der thomistische und neuplatonische Elemente zusammenfügt. Er ist ein echter und großer Denker – freilich liegen seine Gedanken nicht nur in den Lehrgesprächen und Reden, sondern auch und vor allem in den Gestalten, Vorgängen, Symbolen und Architekturen seiner Dichtung.

Und als in beide Augenlichter sich die Wesenheit und Größe des lebend'gen Sterns, der droben siegreich ist, wie er's hienieden war, mir malte – da stieg herab aus Himmelsinnerm eine Fackel, nach Kreisgestalt gebildet als wie eine Krone, und wand sich um [den Stern] und schwang um ihn.

(III 23, 88–90):
Il nome del bel fior ch'io sempre invoco / e mane e sera, tutto mi ristrinse / l'animo ad avvisar lo maggior foco.

Die Melodie, die hier auf Erden am süßesten ertönte und mit der größten Macht die Seele an sich zöge – sie schien' ein Donnern aus zerrißner Wolke, verglichen mit dem Ton aus jener Leier, von welcher dort der schöne Saphirstein umgeben war, durch den der Himmel hellern Saphirglanz gewinnt.
»Ich bin die Engelsliebe, die die hohe Freud' umkreist, so aus dem Schoße weht, der Herberg unsrer Sehnsucht war! Und werde kreisen, Himmelsherrin Du, solange Du Deinem Sohne folgst, bis göttlicher die höchste Sphäre durch Deinen Eintritt strahlt.«
So schloß das kreisende Getön, sich selbst versiegelnd. Und aus den andern Lichtern allen erklang der Nam' »Maria«. (III 23, 91–111)
Es ist Gabriel, der Bote der Verkündigung. Leuchtende, wie ein Kranz oder eine Krone geformte Flamme, umgibt er, in der Bewegung der seligen Ewigkeit kreisend, Maria während des Zuges, und singt, süßer als irgendein irdisches Lied es vermag, ihr Lob. Hier erscheint der Engel nur als symbolisch geformtes Licht, als Bewegung und Melodie. Er wird uns im Empyreum wieder begegnen, in der Himmelsrose, wo er, ihr ewig in Liebe zugeordnet, vor der Himmelskönigin steht.

Der heilige Zug kehrt wieder in den Himmel zurück. Vier Gestalten aus ihm bleiben, und Dante muß vor ihnen eine letzte

---

(III 23, 91–111):
E come ambo le luci mi dipinse / il quale e il quanto de la viva stella / che là su vince, come qua giù vinse,
per entro il cielo scese una facella, / formata in cerchio a guisa di corona, / e cinsela e girossi intorno ad ella.
Qualunque melodia più dolce sona / qua giù, e più a sè l'anima tira, / parrebbe nube che squarciata tona,
comparata al sonar di quella lira / onde si coronava il bel zaffiro / del quale il ciel più chiaro s'inzaffira.
»Io sono amore angelico, che giro / l'alta letizia che spira del ventre / che fu albergo del nostro disiro;
e girerommi, donna del ciel, mentre / che seguirai tuo figlio, e farai dia / più la spera suprema perchè gli entre.«
Così la circulata melodia / si sigillava, e tutti li altri lumi / facean sonare il nome di Maria.

Prüfung bestehen: Der Apostel Petrus fragt ihn nach seinem Glauben; Jakobus nach seiner Hoffnung; Johannes nach seiner Liebe, die mit der Wahrheit eins ist. Adam aber, der erste Mensch, lehrt ihn den Anfang der Menschengeschichte.

Nachdem Petrus in einer gewaltigen Invektive die Verderbnis der Kirche gegeißelt hat, entschwinden die heiligen Vier.

Noch einmal – ein Zeichen, wie wichtig es für Dante ist, daß vor dem Übertritt ins Unaussagbare der Ausgangspunkt der Wanderung ins Bewußtsein genommen und Geschichte bewahrt werde – mahnt Beatrice:

»Tauche den Blick hinab und sieh, wie weit du fortgerissen wurdest.« (III 27, 77–78)

Dante tut so und sieht zum letztenmal die Erde weit unten liegen.

Dann kehrt er sich seiner Führerin zu, deren Schönheit über alles Maß hinauswächst; so sehr, daß »Gott selber es zu sein schien, der in ihrem Antlitz selig war« (III 27, 105). Das Wachsen ihrer Schönheit aber bildet den Ausdruck des *»atto di Beatrice«*, der Macht ihres Wesens, der in personhafter Form die nach oben hebende Kraft der heiligen Liebe und Wahrheit darstellt: *»imparadisa la mia mente«* (III 28, 3). Im Schauen dieser Schönheit wird er zur letzten Sphäre, dem Kristallhimmel entrückt. Es ist der Bereich des schaffenden Guten, das alle Wirklichkeiten und Ordnungen bestimmt; die letzte, nur noch vom Empyreum umgebene Sphäre, was in dem kühnen Worte ausgedrückt wird: »Und dieser Himmel hat kein andres Wo, als nur das göttliche Bewußtsein«, *»la mente divina«* (III 27, 110).

Beatrice spricht von der überall in der Welt wirkenden Zerstörung; von der Trägheit und Nachlässigkeit, welche die Macht des Guten abstumpfen; von der Verwüstung in Kirche und Reich. Doch wird geheimnisvolle Rettung verheißen.

(III 27, 77–78):
»... Adima / il viso, e guarda come tu se' volto.«

IX. Die himmlische Hierarchie

Danach sieht Dante, wie sich in Beatrices Augen ein leuchtender Punkt spiegelt, wendet sich um und erblickt die Wirklichkeit:
Ich schaute einen Punkt, der also scharfes Licht ausstrahlt', daß sich der Blick, von ihm versengt, vor seiner großen Schärfe schließen mußt. Und [also klein war er, daß] jener Stern, der hier der kleinste uns erscheint, groß wie ein Mond erscheinen würde, wenn man ihn, wie [sonst am Himmel] Stern bei Sterne steht, neben [den Punkt vergleichend] stellen wollte.
So nah vielleicht, wie, es umgebend, der Lichthof um das Licht erscheint, das ihn [um sich her] zeichnet, wenn der Dunst, durch den es herdringt, dichter wird – sah ich um jenen Punkt sich einen Feuerkreis bewegen, also rasch, daß er die Schnelligkeit [der Sphäre], die am heftigsten die Welt umeilt, bezwungen hätte. Und er war rings von einem anderen umgeben; und der vom dritten; und der dritte drauf vom vierten; und der viert' vom fünften; und vom sechsten dann der fünfte. Darumher folgt' der siebente und war an Weite schon so groß, daß Junos ganze Botin[24] *eng gewesen wär', ihn zu umfassen. Entsprechend war [das Maß] des achten und des neunten. Und ein jeder bewegt' sich um so langsamer, je ferner er in seiner Zahl dem Einen war. Der aber brannt' in hellrer Flamme, dem der reine Funke am wenigsten entfernt war; und deshalb, denk' ich, weil er sich mit dessen Wahrheit mehr durchdringt.* (III 28, 16–39)

(III 28, 16–39):
… un punto vidi che raggiava lume / acuto sì, che'l viso ch'elli affoca / chiuder conviensi per lo forte acume:
e quale stella par quinci più poca, / parrebbe luna, locata con esso / come stella con stella si colloca.

[24] Der Regenbogen.

Der »Punkt«, der »reine Funke« ist Gott. Die Kreise sind die Engel in den verschiedenen Ordnungen ihres Wesens und Ranges. Der Gott-Punkt ist »kleiner« als die Kreise, als alles Geschaffene; zugleich aber heller als sie, »stärker« als alles Geschaffene. Nach beiden Seiten hin enthebt sich Gott dem Messen, so daß er vom Irdischen her das »Nichts« und wiederum »das Alles« genannt werden kann, und Beides das Nämliche meint.

Die Engel haben einen einzigen Lebensinhalt: Gott. Wenn Augustinus schon den Begriff des Geistes an sich als die *»capacitas Dei«* bestimmt, als die »Fähigkeit, Gott zu fassen«; wenn er sagt, unsterblich – nicht im philosophischen Sinne einer Unzerstörbarkeit des Wesens, sondern im christlichen Sinne ewigheiliger Lebendigkeit – werde der Geist erst, wenn er durch die Gnade an Gott teilhat, dann besteht die Lebendigkeit der Engel darin, daß sie mit ihrem ganzen Sein für Gott entschieden sind. Entschieden aber haben sie sich, wie schon gesagt wurde, im ersten Augenblick ihres Daseins. Denn sie sind reine Geister und darum einfach; in jedem ihrer Akte ist die Ganzheit ihres Seins gesammelt. So war es schon in ihrem ersten Daseinsaugenblick, der also ein Augenblick klarsten Bewußtseins, furchtbarer Freiheit, restloser Selbstverwirklichung war. Schrecklicher Akt, aus dem erst der eigentliche Engel hervorging – und der Teufel, der wirklich Verlorener und Feind

---

Forse cotanto, quanto pare appresso / alo cigner la luce che'l dipigne / quando'l vapor che'l porta più e spesso,
distante, intorno al punto, un cerchio d'igne / si girava sì ratto, ch'avria vinto / quel moto che più tosto il mondo cigne.
E questo era d'un altro circumcinto, / e quel dal terzo, e'l terzo poi dal quarto, / dal quinto il quarto, e poi dal sesto il quinto.
Sopra seguiva il settimo sì sparto / già di larghezza, che'l messo di Iuno / intero a contenerlo sarebbe arto.
Così l'ottavo e'l nono; e ciascheduno / più tardo si movea, secondo ch'era / in numero distante più da l'uno;
e quello avea la fiamma più sincera / cui men distava la favilla pura, / credo però che più di lei s'invera.

Gottes, nicht nur »Dämon« ist. Jetzt erst wurden die Engel »unsterblich« im christlichen Sinne.

Ihre Existenz besteht im Mitvollzug des göttlichen Lebens durch Anschauung, Liebe, Lob und Dienst. »Lob« bedeutet den Akt, worin das Geschöpf bekennt, daß Gott »würdig ist, zu empfangen die Macht und Reichtum und Weisheit und Stärke und Ehre und Preis und Segen« (Apk 5, 12) – »Dienst« die Tätigkeit im Weltwerke Gottes zum Werden der Neuen Schöpfung … Zu Eingang dieser Arbeit war davon die Rede, daß es neben dem unmittelbaren Wirken Gottes durch Strahlung, Berührung und Ein-Bildung das vermittelte gebe, welches durch Sendung von Personen erfolgt: Dieses beginnt mit den Engeln. Durch sie steht überall im Sein und im Vollzuge der Schöpfung die Person.

Dieses Existieren im Vollzuge der Gottesgemeinschaft, so daß Gott darin Alles in Allem ist; Er sich im Geschöpf offenbart und ebendarin das Geschöpf ganz es selbst wird; unendliche Mannigfaltigkeit hervortritt und zugleich höchste Ordnung waltet; Verschiedenheit ihr Recht findet, aber sich in die Einheit des Ganzen fügt – das ist die »Hierarchie«, die Ordnung der heiligen Herrschaft und des heiligen Dienstes.

Ihr Grundgedanke ist uns ferngerückt. Einmal durch den neuzeitlichen Individualismus, dem es überhaupt schwer fällt, Ordnung von Personen – wirkliche Ordnung wirklicher Personen – zu vollziehen. Vor allem aber dadurch, daß unsere Geisterfahrung immer ärmer wurde. Das Hierarchische meint Unterschied und Ordnung im Geiste; für uns aber ist der Geist einerseits ins Psychologische, andererseits ins Abstrakte gegangen; zum Bewußtseinsinhalt oder zum Begriff geworden. Er ist simpel geworden, eintönig, leer. Daß es in ihm Größe gibt, Höhe, Tiefe, Kraft, Glut, Reinheit, Kühnheit, Würde, Schönheit, Kampf, Wagnis, Schöpfung, Architektur, Schicksal, Entzückung, Friede, Qual, Sehnsucht, Liebe, Einsamkeit – daß es alles in ihm gibt und in allen Graden; daß in ihm sich »Welt« erbaut mit allen Formen des Wesens und Maßen der Macht, fühlen wir nicht mehr. Wie könnte der Geist sonst als unlebendig geächtet werden, da er doch glühendstes Leben ist? Wohin Erfahrung und Vorstellung sich zu entfalten hätten, um wieder etwas von alledem zu fassen, zeigen Texte wie der Beginn der zweiten Elegie bei Rilke, oder die Analysen eines Dostojewskij und eines Georges Bernanos. Sobald diese Voraussetzungen fehlen, wird aus der Hierarchie eine bloße Gedankenkonstruktion, während sie doch mächtigste Wirklichkeit meint.

Das Bild läßt keinen Einzelengel hervortreten. Diese stehen vielmehr in Kreisen, das heißt Ganzheitsgestalten, die ihrerseits wieder aufeinander bezogen sind und sich zu einem Gesamtganzen, eben der Hierarchie, zusammenschließen, richtiger Gliederungen derselben darstellen. Über die Beziehungen und Akte dieser Ganzheit, die *»actus hierarchici«*, haben Dionysius der sogenannte Areopagite und nach ihm die mittelalterlichen Mystiker und Theologen sehr tiefe Dinge gesagt, aus denen man wohl eine ganze Theorie des ganzheitlichen Lebens herausholen könnte – wobei auch daran erinnert werden mag, daß in den Erörterungen über die Hierarchien: der himmlischen, nämlich der Engel, und der irdischen, nämlich der Kirche, oft die Soziologie des betreffenden Denkers enthalten ist. Dieses hierarchische Leben entfaltet sich in Beziehungen der Ur- und Abbildlichkeit; in Verhältnissen des Eigenseins, der Vermittelung und Mitteilung; in Akten der Unterscheidung und Vereinigung; in Gliederungen des Ranges, der Einfachheit und Fülle, der Führung und Gefolgschaft usf. Das alles findet seinen letzten gesammelten Ausdruck in den symphonischen Akten des Lobgesangs und der Bewegung.

Die Engel der Hierarchien gliedern sich nach der z. T. schon bei Paulus – siehe Eph 1, 21 und Kol 1, 16 – entworfenen, dann von Dionysius maßgebend bestimmten Lehre in drei mal drei Chöre. Die drei obersten richten ihre Schau unmittelbar auf Gott selbst und leben ganz ihm zugewendet. Es sind das die Seraphim, Engel, deren Existentialakt ganz Liebe ist; die Cherubim, die in der Erkenntnis wesen; die Throne, deren Eigenstes im Mitvollzuge der hoheitsvollen Gegenwärtigkeit

Gottes besteht ... Darauf folgen die Herrschaften, die Kräfte und die Mächte. Die Begriffe von ihrem Wesen gehen ineinander über und meinen verschiedene Ausgestaltungen einer Existenz, die in dem schauenden und liebenden Mitvollzug des göttlichen Weltplanes, seiner Sinnfülle und Gesetzlichkeit besteht ... Die drei letzten Chöre, Fürstentümer, Erzengel und Engel, leben im Mitvollzug des göttlichen Schaffens und Regierens selbst; des Weltgeschehens und der Menschengeschichte.

Die Engel leben in Gott, sind aber zugleich die Gesandten, durch welche er in der Welt wirkt. Nach altüberkommener Vorstellung sind sie die »Intelligenzen«, welche die Sphären bewegen – denn die erste von Gott kommende Wirkung ist die Bewegung, und sie vollzieht sich in der Ewigkeitsform des Kreisens. Die äußerste Sphäre kreist am schnellsten, weil sie dem »Ort« Gottes, dem Empyreum, am nächsten liegt. Von ihr heißt es:
Und dieser Himmel hat kein andres Wo, als nur das göttliche Bewußtsein, drin die Liebe sich entzündet, die ihn bewegt, und die Gewalt, die in ihn einströmt. Licht und Lieb' umfangen ihn im Kreis, so wie er wiederum die anderen [umfängt]. Den Gürtel [der ihn rings umgibt][25] *begreift Jener allein, der ihn herumlegt. Nicht wird ihm die Bewegung durch ein Anderes bestimmt; den andern [Kreisen] aber wird das Maß von ihm.* (III 27, 109–117)
Aus dem Text geht hervor, welcher Art diese Bewegung ist: In ihr geht die Licht- und Liebesfülle, der wesende Wert Gottes schöpferisch in die Welt-Wirklichkeit ein. Die Sphären sind der Ausdruck der als »Kosmos« gesehenen Welt. An ihnen wird

---

(III 27, 109–117):
E questo cielo non ha altro dove / che la mente divina, in che s'accende / l'amor che il volge e la virtù ch'ei piove.
Luce ed amor d'un cerchio lui comprende, / sì come questo li altri; e quel precinto / colui che 'l cinge solamente intende.
Non è suo moto per altro distinto; / ma li altri son misurati da questo ...

[25] Das Empyreum.

der Übertritt von Sinn in Sein, von Liebe in Weltbewegung sichtbar. Er drückt sich im Kreisen aus, das in der äußersten von herrlichem Ungestüm ist und um so langsamer wird, je weiter die Sphären der Erde zu liegen. Die Erde selbst, der dichteste und schwerste der Weltkörper, auf welchem die Dinge in enge Grenzen eingeschlossen sind, und die Geschichte sich entscheidet, ruht.

Wer nun diese Bewegungen in Gang hält, sind die Engel: Die Seraphim beherrschen den Kristallhimmel, das *»primum mobile«;* die Cherubim den Fixsternhimmel; die folgenden Chöre, von den Thronen bis zu den einfachen Engeln, lenken die sieben Planetensphären, vom Saturn bis zum Mond. Sie bestimmen die Bewegung, also das, womit das Sein am unmittelbarsten seine Sinnhaftigkeit ausdrückt. Und jene Ordnung der Werte, die sich in den Himmelsbereichen offenbart, und welcher die des *Purgatorio* und des *Inferno* entsprechen, ist im Letzten der Ausdruck, den die Weltordnung der Engel selbst in der Welt findet. In ihr, der »Hierarchie« aber entfaltet sich die Mannigfaltigkeit und Einheit der Weisen, wie die Engel ihrerseits an der Wertfülle Gottes teilnehmen.

Bedenkt man weiter, daß nach der Vorstellung Dantes diese Himmel es sind, die mit ihrer Bewegung die Vorgänge auf Erden bestimmen, bzw. der menschlichen Freiheit ihre Bedingungen vorgeben, so wird deutlich, daß die Engel die Mittler des Geschehens überhaupt sind. Und weiter wird deutlich, wie weit diese Daseinsvorstellung von der neuzeitlichen entfernt ist: Nirgendwo herrschen in ihr abstrakte Kräfte und Gesetze, sondern alles geht aus einem Tun hervor, und hinter allem Tun steht Person.[26]

Diese Tatsache wird Dante in der Vision der Hierarchien offenbar, bevor er die letzte Entrückung erfährt.

[26] Eine besondere Stellung nimmt die »Intelligenz« der Erde als des Raums des Menschenlebens ein. Es ist Fortuna, die Verkörperung jenes Elementes, das in keinen Begriff eingeht, aber den Charakter des menschlichen Daseins so tief bestimmt: die bloße Tatsächlichkeit, die Begegnung, der Zufall, das Glück.

X. Die Engel in der Himmelsrose

Nachdem Beatrice im neunundzwanzigsten Gesang von der Welt und ihrer Ordnung; von der Stellung der Engel darin, ihrer Zahl und ihrem Sinn gesprochen hat, verschwindet die Vision. Die Schönheit der Frau, in liebendem Lächeln Dante zugewendet, wächst über alles Ausdrückbare hinaus – und es erledigt die im Grunde so sonderbare Frage, ob Beatrice ein wirklicher Mensch sei, wenn in diesem Augenblick, da die metaphysisch-pneumatische Macht des *»atto di Beatrice«* das Äußerste leistet, Dantes Erinnerung an das erste Zusammentreffen mit ihr auf Erden zurückgeht; auch hier, im Herzpunkt von allem, im Verhältnis zu seiner Herrin, »den Weg«, die geschichtliche Wirklichkeit festlegend.

Wenn alles, was bisher von ihr gesprochen ward, in eine einz'ge Preisung eingeschlossen würde, noch wär's für diese Stunde zu gering. Die Schönheit, die ich schaute, überbildet' sich nicht über unsre Grenze bloß hinaus, sondern ich glaube fest, daß nur ihr Schöpfer sich ihrer ganz zu freun vermag.
Durch diesen Schritt [den ihre Schönheit tat] bekenn' ich mich bezwungen, mehr als je ein Dichter gelöster oder strenger Kunst von einem Punkte seines Gegenstandes überwältigt ward. Denn wie dem ganz unsichern Aug' vom Sonnenlicht geschieht, so wirkt [selbst noch] Erinnerung des süßen Lächelns, daß mir der Geist sich selbst entsinkt.
Vom ersten Tag, da ich ihr Angesicht in diesem Leben sah, bis hin zu jenem Anblick fehlte meinem Sang zum Folgen nie die Kraft. Jetzt aber muß, wie's jedem Künstler vor seinem höchsten Ziel geschieht, ich davon abstehn, ihrer Schönheit noch mit meinem Lied zu folgen. (III 30, 16–33)
Es ist wie eine letzte Zusammenfassung alles dessen, was er über Beatrice geschrieben hat. Dann sagt sie, und drückt damit aus, was durch die Macht ihres Lächelns geschehen ist:

Nun sind wir aus dem weitesten Bereich hinausgeschritten in den Himmel, der reinstes Licht ist. Geist'ges Licht, der Liebe voll; Liebe zum wahren Gut, der Freude voll; Freude, die alle Süße übersteigt. (III 30, 38–42)

Dante erfährt die Macht des überräumlichen Raumes, dessen Wesen Beatrices Worte beschrieben haben:

Gleichwie ein Blitz plötzlich die Kraft des Sehns zerreißt, also daß er das Aug' dem Eindruck selbst der stärkern Gegenständ' entzieht – in dieser Art umstrahlte mich lebend'ges Licht und hielt mich durch sein Blitzen eingehüllt in solchen Schleier, daß mir nichts mehr sichtbar war.

»Die Liebe, die mit Ruh den Himmel füllt, nimmt [den, der kommt] mit solchem Gruße auf, um so die Kerze für die Flamme zu bereiten.«

Kaum waren diese kurzen Worte in mein Inneres gedrungen, da verstand ich, wie ich die Grenzen meiner Kräfte überschritt. Und ich entbrannt' in neuer Macht des Sehns, so stark, daß nie ein Licht so hell war, meine Augen hätten denn ihm standgehalten. (III 30, 46–60)

(III 30, 16–33):
Se quanto infino a qui di lei si dice / fosse conchiuso tutto in una loda, / poco sarebbe a fornir questa vice.
La bellezza ch'io vidi si trasmoda / non pur di là da noi, ma certo io credo / che solo il suo fattor tutta la goda.
Da questo passo vinto mi concedo / più che già mai da punto di suo tema / soprato fosse comico o tragedo;
chè, come sole in viso che più trema, / così lo rimembrar del dolce riso / la mente mia me medesmo scema.
Dal primo giorno ch'i'vida il suo viso / in questa vita, infino a questa vista, / non m'è il seguire al mio cantar preciso;
ma or convien che mio seguir desista / più dietro a sua bellezza, poetando, / come a l'ultimo suo ciascuno artista.

(III 30, 38–42):
... Noi siamo usciti fore / del maggior corpo al ciel ch'è pura luce:
luce intellettual, piena d'amore; / amor di vero ben, pien di letizia; / letizia che trascende ogni dolzore.

(III 30, 46–60):
Come subito lampo che discetti / li spiriti visivi, sì che priva / da l'atto l'occhio di più forti obietti,

Dante ist im Empyreum angelangt. Astronomisch bedeutet es den Raum um die äußerste Sphäre; den Weltraum um die als begrenzter Kosmos gedachte Welt. Dieser Raum ist aber nicht leer, sondern reine Mächtigkeit. Und nicht mehr Bereich für Dinge, sondern Ort Gottes.[27] Das Empyreum ist die schlechthinnige Transzendenz, und insofern überhaupt nicht mehr Raum. Es ist »das unzugängliche Licht, in dem Gott wohnt« – zugleich aber auch das Licht der Seligkeit, in das er die Seinen aufnimmt. Das Empyreum ist wesender Wert, Sein und Akt, so wie es die bereits angeführten wunderbaren Verse ausdrücken:

... luce intellettual piena d'amore;
amor di vero ben, pien di letizia;
letizia che trascende ogni dolzore. (III 30, 40–42)

Die kühnste Bestimmung liegt in den ebenfalls bereits angeführten Versen:

E questo cielo non ha altro dove
che la mente divina, in che s'accende
l'amor che il volge e la virtù ch'ei piove. (III 27, 109–111)

Sie handeln – siehe oben S. 81 – von der äußersten Sphäre, dem Kristallhimmel und sagen, was ihn umfasse, sein »Ort«,

---

così mi circunfulse luce viva; / e lasciommi fasciato di tal velo / del suo fulgor, che nulla m'appariva.
»Sempre l'amor che queta questo cielo / accoglie in sè con sì fatta salute, / per far disposto a sua fiamma il candelo.«
Non fur più tosto dentro a me venute / queste parole brevi, ch'io compresi / me sormontar di sopr'a mia virtute;
e di novella vista mi raccesi / tale, che nulla luce è tanto mera / che li occhi miei non si fosser difesi.

[27] Über das Problem, wie das Symbol des »Ortes« Gottes im äußersten Außen statt im Zentrum der Schöpfung gesehen werden könne, siehe meine Untersuchung: »Seinsordnung und Aufstiegsbewegung in Dantes Göttlicher Komödie«, in: Unterscheidung des Christlichen, Mainz 1935, S. 430 ff. Dante ist sich dieser konstruktiv-metaphysischen Schwierigkeit bewußt und sucht sie tiefsinnig zu lösen.

sei nur »das göttliche Bewußtsein, drin die Lieb' entbrennt, die ihn bewegt, und auch die Kraft, die in ihn eindringt.« Das ist aber das Empyreum, worin ja, wie die vorher angeführten Verse sagen, Licht und Liebe wesende Einheit sind. Demnach bedeutet das Empyreum im Letzten das Bewußtsein und Liebesinnere Gottes selbst.

Wollen wir also die nun folgenden Aussagen und Bilder Dantes richtig verstehen, dann müssen wir die Vorstellung des die äußerste Himmelsphäre umfassenden leuchtend-glühenden Weltraumes in die unräumliche Innerlichkeit Gottes übersetzen, wo alles, ohne daß irgend etwas an Wirklichkeit, Sein, Charakter – bis zu den Merkmalen des Antlitzes und der Gestalt im Lichtleibe – an Person und Freiheit verlorenginge, in eine überbegreifbare Einheit aufgenommen ist.

In diesem Geheimnis steht nun Dante. Dann heißt es:

Und ich sah Licht, geformt wie einen Fluß, strömende Blitzeshelle, zwischen zwei Ufern, übermalt von Frühlingswundern. Aus diesem Strom stiegen lebend'ge Funken auf und senkten sich zu beiden Seiten in die Blumen, daß sie Rubinen glichen, welche Gold umfaßt. Dann, wie von Düften trunken, tauchten sie aufs neue in des wunderbaren Strudels Tiefe, und wenn der eine eindrang, stieg ein andrer auf. (III 30, 61–69)

Ein Bild überströmender Schönheit, in welchem die Mächtigkeiten strahlenden Lichtes, fließenden Wassers, blühender, duftender Blumen, leuchtender Funken, farbiger Edelsteine ineinandergehen – alles aber Bilder eines Anderen, Eigentlichen. Dante versteht denn auch nicht, was er sieht; da sagt Beatrice:

(III 30, 61–69):
E vidi lume in forma di rivera / fluvido di fulgore, intra due rive / dipinte di mirabil primavera.
Di tal fiumana uscian faville vive, / e d'ogni parte si mettean ne' fiori, / quasi rubin che oro circunscrive.
Poi, come inbriate da li odori, / riprofondavan sè nel miro gurge; / e s'una intrava, un'altra n'uscia fori.

Der Fluß und die Topase, die eintauchen und zur Höhe steigen, und das Blumenlächeln in den Kräutern – alles das ist seiner eigentlichen Wesenheit umschattend Vorwort. (III 30, 76–78)
Von ihr gemahnt, neigt Dante sich über den Strom und netzt darin die Augen. Da wird ihm der Blick verwandelt, und es verwandelt sich das Bild. Der aus dem Unnennbaren kommende, ins Unnennbare strömende Fluß zieht sich zu einem ungeheuren See zusammen. Es ist das Licht, welches
den Schöpfer sichtbar macht für das Geschöpf, das nur in Seinem Anblick seinen Frieden findet.
[Der Lichtsee] breitet sich in Kreisgestalt, die also weit ist, daß ihr Umfang größer wäre, als nötig, um die Sonne zu umgürten. Sein ganzes Aussehn ist aus jenem Strahl gebildet, der an dem [äußern] Rand der letzten Sphäre widerleuchtet, und von dem diese das Leben und die Kraft empfängt. (III 30, 100–108)
Um die Lichtflut erheben sich ringsum Gebilde wie riesige Blätter einer Rose, unzählige übereinander. Was Dante vorher für Blumen an einem Flußufer angesehen, erkennt er nun als die Seligen, die mit weißen Gewändern in den lichtgoldnen Blättern der Rose sitzen. Die lebendigen Funken, die Lichtbienen, die fliegenden Edelsteine enthüllen sich als das himmlische Heer der Engel. Sie tauchen in die Flut des Sees, in das unendliche Licht und tragen es zu den Seligen, um dann wieder in die Unerschöpflichkeit zurückzukehren.
Die Rose selbst aber, welche »gelb«, goldfarben, Gestalt aus goldnem Licht, als selige, herzberührende Schönheit »droben«, in heiliger Unzugänglichkeit liegt, verstehen wir – es muß

(III 30, 76–78):
»… il fiume e li topazii / ch'entrano ed escono e il rider de l'erbe / son di lor vero umbriferi prefazii.«

(III 30, 100–108):
Lume è là su che visibile face / lo creatore a quella creatura / che solo in lui vedere ha la sua pace.
E'si distende in circular figura, / in tanto che la sua circunferenza / sarebbe al sol troppo largo cintura.
Fassi di raggio tutta sua parvenza / reflesso al sommo del mobile primo, / che prende quindi vivere e potenza.

noch einmal darauf hingewiesen sein – nur dann, wenn wir irgendwie die Vision mitvollziehen, in der sie erscheint: Als das Letzte, was über die Welt gesagt werden kann. Sie ist die ins Geheimnis Gottes heimgeholte Schöpfung.

Der See ist noch nicht Gott selbst, sondern sein Licht, sofern es aus seiner Entrücktheit auf die äußere Wölbung der ersten Sphäre, den Rand der Welt, auftrifft, sie durchwirkt und zugleich von ihr zurückgestrahlt wird. Um ihn leuchtet die Rose auf. Jene Entrücktheit ist aber das Empyreum, und das liegt überall um die Welt. Von allen Seiten also, in der Form eines Strahlenmantels, dringt das Licht Gottes in die äußerste Sphäre ein, durchwirkt sie mit seiner Kraft und erfährt zugleich an ihr jene Zurückstrahlung, welche den Lichtsee der Rose erzeugt. Aufgefaßt, erlebt wird die Rose an einer bestimmten Stelle, dort, wo der Blick Dantes sie trifft; aber sie blüht überall um die Welt. Sie ist die Rückkehr dessen, was von Gott in die Welt gegangen ist. Aus dem Empyreum in die Endlichkeit eindringend, schafft Gottes Licht die Welt – aus den Sphären widergestrahlt, zu Gott heimkehrend, bringt es, »was von unserm Menschendasein heimkehrt«, zu Gott zurück. Die Rückkehr des Geschaffenen zum Schöpfer im heimholenden Licht, der Überschritt der Schöpfung in Gott hinein – das ist die Rose.
Ihre Blätter sind »die vielen Wohnungen im Haus des Vaters« (Joh 14, 2). Die Mannigfaltigkeit der neuen Schöpfung, die sich vorher durch die Sphären hin ausbreitete, ist Dante deshalb so erschienen, damit er sie im Nacheinander der Wanderung unterscheiden könne; in Wahrheit lebt alles hier, in der Rose, als letzte Einbegreifung, als »hoher Triumph des wahren Reiches«:
Und wie ein Uferhang mit seinem Fuße sich im Wasser spiegelt, als woll' er sehn, wie schön er ist, wenn er an Kräutern und an Blumen überreich geworden – so sah ich, was von unserm [Menschendasein] dorthinauf zurückgekehrt ist, auf mehr als tausend Stufen [sitzen], die, um jenes Licht ringsum emporgebaut, [im See] sich spiegelten. Und wenn die tiefste Stufe schon in sich so

großes Licht umfaßt – wie weit ist dann das Maß der Rose in ihren höchsten Blättern!
[Und doch] verlor mein Blick sich nicht in ihrer Weit' und Höhe, sondern umfaßt' das ganze Maß und Wesen jener Seligkeit. Nähe und Ferne fügt dort nichts hinzu und nimmt nichts weg. Denn da, wo Gott ohne Vermittelungen waltet, hat der Natur Gesetz die Macht verloren. (III 30, 109–123)
Die Rose ist ungeheuer groß – nach *Convivio* IV 8, 7 beträgt der Durchmesser der Sonne, die ja im See mehr als Raum hat, 35 750 Meilen! – dennoch gibt es in ihr weder Ferne noch Nähe. Sie ist reine Gegenwärtigkeit.

Das Prinzip, von dem wir zu Eingang sprachen, und wonach die Gnade nicht durch unmittelbare Berührung oder Strahlung, sondern durch Personen kommt, findet hier seinen letzten Ausdruck: Die Teilhabe an der Fülle des Lichtes wird beständig durch die Engel gewirkt; man möchte sagen: hin und her gewoben.
In einer lichten Rose Bild zeigt' sich mir so die heil'ge Schar, die Christus durch sein Blut sich anvermählt. Die andre aber, die auf Fittichen die Glorie Dessen schaut und singt, an dem sich ihre Lieb' entzündet, und seine Güte, die sie also schön geschaffen – gleichwie ein Bienenschwarm sich in die Blumen senkt und wieder dorthin heimkehrt, wo sich seine Müh in Süßigkeit verwandelt, so taucht' sie in die Blume, die so vieler Blätter Schönheit um sich baut, und hob sich wieder dann dorthin zurück, wo ihre Liebe ewig wohnt.

(III 30, 109–123):
E come clivo in acqua di suo imo / si specchia, quasi per vedersi adorno, / quando è nel verde e ne' fioretti opimo;
sì, soprastando al lume intorno intorno, / vidi specchiarsi in più di mille soglie / quanto di noi là su fatto ha ritorno.
E se l'infimo grado in sè raccoglie / sì grande lume, quanta è la larghezza / di questa rosa ne l'estreme foglie!
La vista mia ne l'ampio e ne l'altezza / non si smarriva, ma tutto prendeva / il quanto e'l quale di quella allegrezza.
Presso e lontano, lì nè pon nè leva; / chè dove Dio sanza mezzo governa, / la legge natural nulla rileva.

Ihre Gesichter waren alle aus lebend'ger Flamme; aus Gold die Flügel, und das übrige so weiß, daß nie ein Schnee an solche [Reinheit] rührt.
Wenn sie sich in die Blume tauchten, boten sie von Sitz zu Sitz den Frieden weiter und die Glut, die sie erworben, als ihr Flug sie hochgetragen.
Und daß so große Zahl Geflügelter zwischen die Höhe und die Blume trat, hinderte weder Blick noch Glanz. Denn Gottes Licht durchdringt das Weltall nach dem Maße seiner Würdigkeit, so daß nichts fähig ist, es aufzuhalten.
Dies sichere und freudenvolle Reich, von altem und von neuem Volk erfüllt, hielt seinen Blick und seine Liebe all auf ein Ziel hin gerichtet. (III 31, 1–27)
Was sich hier entfaltet, ist die Ewigkeit; »nie endenden Lebens gänzlicher und vollkommener Besitz«, wie Boëthius sagt; Reichtum und Durchsichtigkeit, Mannigfaltigkeit und Ordnung, Fülle der Gestalten und Akte in vollkommener Einheit.
Die Engel aber sind jene Wesen, welche diese Einheit weben. Ihr dienen sie; aber es ist ein Dienst, der nichts mehr erreichen will, da alles erreicht ist, sondern nur ewig vollziehen, was in heiliger Vollendung besteht. Ihr Dienst bedeutet also reines

---

(III 31, 1–27):
In forma dunque di candida rosa / mi si mostrava la milizia santa / che nel suo sangue Cristo fece sposa;
ma l'altra, che volando vede e canta / la gloria di Colui che la innamora / e la bontà che la fece cotanta,
sì come schiera d'ape, che s'infiora / una fiata e una si ritorna / là dove suo laboro s'insapora,
nel gran fior discendeva che s'adorna / di tante foglie, e quindi risaliva / là dove'l suo amor sempre soggiorna.
Le facce tutte avean di fiamma viva, e l'ali d'oro, e l'altro tanto bianco, / che nulla neve a quel termine arriva.
Quando scendean nel fior, di banco in banco / porgevan de la pace e de l'ardore / ch'elli acquistavan ventilando il fianco.
Nè l'interporsi tra'l disopra e'l fiore, / di tanta plenitudine volante / impediva la vista e lo splendore;
chè la luce divina è penetrante / per l'universo secondo ch'è degno, / sì che nulla le puote essere ostante.
Quest sicuro e gaudioso regno, / frequente in gente antica ed in novella, / viso e amore avea tutto ad un segno.

Pulsen und Atmen, reines »Spiel«, und hat einen ähnlichen Sinn, wie die Kreisbewegung in der guten Ewigkeit.

In den angeführten Versen ist etwas hervorgetreten, das bei rascherem Hinlesen leicht entgeht: Als von dem Lichtstrom die Rede war und von dem Lichtsee, in den er sich wandelt, wurde gesagt, daß die Funken in den Strom, die Engel in den See tauchen, um die aufgenommene Fülle den Seligen zuzutragen. Unterdes hat sich aber eine der beiden Flugrichtungen gewandelt: Das, wohinein die Engel »tauchen«, liegt nicht mehr unten, im Innern der Rose, sondern oben, über ihr; und von dort tragen sie den Seligen den Frieden und die Liebe zu. Es ist die Tiefe des Himmels, der ja immer »oben« ist. Es ist »die ew'ge Quelle«, Gott.

Der Lichtsee, so sahen wir bereits, ist nicht Gott selbst, sondern die Schnittstelle zwischen Seiner Entrücktheit und der Welt; die Ebene des Überschritts, hinaus und hinein, wo sich der »Ausgang« und die »Heimkehr« vollziehen, und der »intelligible Kreis« geschlossen wird. Gott selbst ist – mit dem Vorbehalt gesagt, den alle Ortsbegriffe machen müssen, wenn sie sich auf ihn richten – »über« dem See. Nicht an der Schnittstelle von Epyreum und Welt, sondern in freier Vorbehaltenheit, in der reinen »Höhe«. Dorthin, in den »Abgrund des Himmels«, »tauchen« die Engel, und dorther kehren sie zu den Seligen zurück.

Dorthin richtet sich auch die Erwartung des Dichtungsgeschehens. Aus jener Höhe muß das Letzte kommen.

XI. Maria und der Erzengel Gabriel

Während Dante seine Blicke durch die lichte Weite der Rose schweifen läßt, ist Beatrice weggegangen, und ein anderer steht neben ihm:

... ein Greis, gekleidet wie die sel'gen Scharen. Umgossen waren ihm die Augen und die Wangen mit güt'ger Freudigkeit. Mild war sein Ausdruck, wie er liebevollem Vater eignet. (III 31, 59–63)

Es ist Bernhard von Clairvaux, der Meister der Kontemplation. Eine neue Hand übernimmt die Führung: im Geschehen der Dichtung setzt also ein neuer Abschnitt ein. Offenbar das letzte, denn alles – nicht nur die Zahl des Gesanges, die nach dem strengen Gesetz des Werkes anzeigt, daß nur noch drei zur Verfügung stehen, sondern auch die ganze äußere und innere Bewegung – sagen: die Zeit ist gemessen! Alles weist auf das nahe Ende hin. Daß es sich aber nur um eine ganz kurze Führung handeln kann, erhöht ihre Bedeutung: Nun muß es um das Letzte und Endgültige gehen. Und Bernhard sagt es selbst: »Daß deiner Sehnsucht Stillung werde, hieß Beatrice mich von meinem Sitze aufstehn.«

Dante fragt erschreckt nach ihrem Verbleiben, und die ersten Worte des neuen Führers zeigen ihm die Freundin in den Höhen des von oben herab dritten Kreises der Rosensitze:

Ohne Erwidrung hob ich meine Augen auf und sah, wie sie, die ew'gen Strahlen aus sich widersendend, sich eine Krone wob. (III 31, 70–72)

(III 31, 59–63):
... e vidi un sene / vestito con le genti gloriose.
Diffuso era per li occhi e per le gene / di benigna letizia, in atto pio / quale a tenero padre si convene.

(III 31, 70–72):
Sanza risponder, li occhi su levai, e vidi lei che si facea corona / reflettendo da sè li eterni rai.

Selbst hell werdend, strahlt sie das von oben kommende ewige Licht zurück und bildet so eine »Krone«, einen Heiligenschein um sich. Und es darf daran erinnert werden, daß die Strahlen um das Haupt der Heiligen kein bloßer Zierat künstlerischer oder legendärer Art sind, sondern Zeichen einer Erfahrung und Lehre von dem, was überhaupt Leib und was christlicher, verklärter Leib bedeutet.

Beatrice ist fern, und doch ganz nahe:

Irgendein sterblich Aug', das in die tiefste Tiefe des Meeres tauchte, wäre von dem Bereich, in dem die höchsten Donner gehn,[28] *nicht mehr entfernt, als nun mein Aug' von Beatrice war. Doch tat das keinen Schaden, denn ihr Bild kam nicht durch Zwischenliegendes getrübt zu mir.* (III 31, 73–78)

Dante sendet ihr seinen letzten Dank und seine letzte Bitte zu; Worte, in denen *»magnanimità«* und *»cortesia«* vereinigt sind:

»O, Herrin, in der meine Hoffnung lebt, und die Du auf Dich nahmst, um meines Heiles willen in der Hölle Deiner Füße Spur zurückzulassen: So viele Dinge ich gesehn, in allen erkenne ich von Deiner Macht und Güte die Gnade und die Wirksamkeit.

Du hast auf all den Wegen und in all den Weisen, wie's Dir zu tun gegeben war, von Knechtschaft mich zur Freiheit aufgehoben. Laß Deine Großmut mir bewahret sein, daß meine Seele, die Du heil gemacht, Dir wohlgefällig einst von ihrem Leibe scheide.«

So betet' ich; doch sie, die mir so fern erschien, lächelt' und blickt' mich an. Dann wendete sie sich der ew'gen Quelle zu. (III 31, 79–93)

(III 31, 73–78):

Da quella region che più su tona / occhio mortale alcun tanto non dista, / qualunque in mare più giù s'abbondona,

quanto lì da Beatrice la mia vista; / ma nulla mi facea, chè sua effige / non discendea a me per mezzo mista.

(III 31, 79–93):

O donna in cui la mia speranza vige, / e che soffristi per la mia salute / in inferno lasciar le tue vestige,

[28] Von der Feuerzone um die Erde; über der Luftzone und unter der Mondsphäre gelegen.

Nun weist ihn Bernhard zu Jener hinauf, von deren Fürbitte ihm die erste Rettung kam, Maria. Sie sitzt in den Höhen der Himmelsrose und leuchtet so hell, daß um sie her der Himmel schimmert, wie er im Osten vor der aufgehenden Sonne tut. In ihrer Nähe erscheinen, zum letztenmal im Gang der Dichtung, die himmlischen Scharen:

Und jener Mitte sah ich mit gespannten Flügeln mehr als tausend Engel festlich jubeln; jeder von ihnen neu nach Licht und Wesensart.

Dort aber sah ich eine Schönheit ihrem Spiel und ihren Liedern lächeln, die Freude in die Augen all der andern Heil'gen warf. (III 31, 130–135)

»Die Schönheit« ist die Himmelskönigin, und um sie her lebt unaussprechliche Fülle. Bernhard aber mahnt:

Nun blicke in das Angesicht, das Christus mehr als alle gleicht; denn seine Klarheit nur kann dich bereiten, daß du Christus schauest. (III 32, 85–87)

Die Worte künden an, worin das herandrängende Ende bestehen wird: »daß du Christus schauest«.

---

di tante cose, quant'i'ho vedute, / dal tuo podere e da la tua bontate / riconosco la grazia e la virtute.

Tu m'hai di servo tratto a libertate / per tutte quelle vie, per tutt'i modi / che di ciò fare avei la potestate.

La tua magnificenza in me custodi, / sì che l'anima mia che fatt'hai sana, / piacente a te dal corpo si disnodi.

Così orai; e quella, sì lontana / come parea, sorrise e riguardommi; /poi si tornò a l'eterna fontana.

(III 31, 130–135):

E a quel mezzo, con le penne sparte, / vid'io più di mille angeli festanti, / ciascun distinto di fulgore e d'arte.

Vidi a'lor giuochi quivi ed a'lor canti / ridere una bellezza, che letizia / era ne li occhi a tutti li altri santi.

(III 32, 85–87):

»Riguarda omai ne la faccia che a Cristo / più si somiglia, chè la sua chiarezza / sola ti può disporre a veder Cristo.«

Dann heißt es weiter:
Ich sah so viele Freude auf sie niederregnen, zu ihr herabgetragen in den heilgen Geistern, die geschaffen sind, auf Flügeln jene Höhe zu durchmessen, daß, was ich auch zuvor erschaut, mich nie in solches Staunen hingerissen, noch mir von Gott also gemäßes Ebenbild gezeigt hat. (III 32, 88–93)
Vor ihr aber steht Jener, der ihr einst die Botschaft gebracht, Gabriel, der Erzengel:
Und jene Liebe, die [einstmals] zuerst zu ihr hinabgestiegen, singend: »Ave Maria, Gnadenvolle!« – sie breitete vor ihr die Flügel aus.
Von allen Seiten sang der Gottesmelodie Antwort der sel'ge Hof, so daß darob ein jedes Antlitz heitrer ward. (III 32, 94–99)
Dante fragt den Heiligen:
»Wer ist der Engel dort, der mit so holdem Spiel unserer Königin in ihre Augen blickt, also von Lieb' erfaßt, daß er ganz Feuer scheint?« So nahm ich meine Zuflucht zu der Lehre dessen, der an Maria sich verschönt, wie an der Sonn' der Frühstern.
Und er zu mir: »Soviel von Kühnheit und von Anmut in einem Engel sein kann und in einer Seele, ist all in ihm. Und also wollen wir's. Denn er ist jener, der einst die Palm' hinabtrug zu Maria, als Gottes Sohn sich würdigte, die Last unseres Leibes aufzunehmen«. (III 32, 103–114)

(III 32, 88–93):
Io vidi sopra lei tanta allegrezza / piover, portata ne le menti sante / create a trasvolar per quella altezza,
che quantunque io avea visto davante / di tanta ammirazion non mi sospese, / nè mi mostrò di Dio tanto sembiante.

(III 32, 94–99):
E quello amor che primo li discese, / cantando »Ave, Maria, gratia plena«, / dinanzi a lei le sue ali distese.
Rispuose a la divina cantilena / da tutte parti la beata corte, / sì ch'ogni vista sen fe' più serena.

(III 32, 103–114):
»Qual è quell'angel che con tanto gioco / guarda ne li occhi la nostra regina, / innamorato sì che par di foco?«
Così ricorsi ancora a la dottrina / di colui ch'abbelliva di Maria, / come del sole stella mattutina.

Er ist gleichsam aus den Ordnungen der Erzengel herausgelöst und dem Dienst Marias zugewiesen.

Bernhard zeigt Dante die verschiedenen Bereiche des himmlischen Reiches und spricht vom Geheimnis der Verschiedenheit und Einheit, das darin waltet und im Mysterium von Gottes Gnade wurzelt. Endlich weist er ihn wieder auf Maria, welcher er, der *Doctor Marianus,* sich besonders zugeordnet weiß. Darum ist er auch gerufen worden, Dantes letzten Schritt zu leiten: Dieser Schritt geht durch die Fürbitte der Himmelskönigin, und Bernhard soll Dante ihre Huld erflehen.

Wir müssen innehalten und uns die Bedeutung der Situation sowie des Bildes, worin sie sich verdichtet, zu Bewußtsein bringen.

Dante ist durch die Bereiche des Jenseits heraufgestiegen – welche selbst die auf den Überschritt zugehende Welt darstellen. Durch diese werdende Jenseitswelt ist er in das Empyreum, die Vorbehaltenheit Gottes gehoben worden. Da hat sich ihm die Rose, die endgültig heimgeholte Schöpfung, erschlossen; zugleich ist an die Stelle Beatrices der letzte Führer getreten: Bernhard von Clairvaux. Von ihm gewiesen, hat sein Blick die Rose durchwandert und ist wieder bei der Himmelskönigin angelangt. Nun sammelt sich die ganze Aufmerksamkeit auf sie. Von der Rose wird nicht mehr gesprochen; sie bleibt zurück, wie alles Geschaffene; nur Maria, mit dem Engel vor ihr, steht im Blick.

Wir sagten, von der Beschreibung der Himmelsrose ab richte sich eine neue Erwartung nach oben: in das absolute Oben, das noch über der Rose ist. Damit dieses sich öffne, ruft Bernhard Maria an und bittet um ihre Fürsprache. Sie wendet sich zum »ewigen Licht«, zum Letzten und Eigentlichen, Gott selbst, und Er antwortet mit der Offenbarung.

Ed elli a me: »Baldezza e leggiadria / quant'esser puote in angelo ed in alma, / tutta è in lui; e sì volem che sia,
perch'elli è quelli che portò la palma / giuso a Maria, quando 'l Figliuol di Dio / carcar si volse de la nostra salma.«

Der Weg der Dichtung geht also, wie über alles Geschaffene, auch über Maria hinaus; sie aber – sie mit dem Engel – ist das Letzte, das im Gedächtnis bleibt, vom Gefühl mit hinübergenommen wird. Was bedeutet das?

Vor allem ein Zeichen heiliger Geschichtlichkeit.
Wir sagten, die Rose sei jene Stelle, wo der Eintritt der Gottesmacht in die Welt und wiederum ihre Rückkehr aus der Welt geschieht. Entsprechendes, nur im höchsten Sinne, gilt für Maria: Durch sie ist Gott in die Welt eingetreten; durch sie geht die von ihm geheiligte Welt zu Gott zurück. Dieser Ausgang und diese Rückkehr sind aber nicht, wie das noch bei der Rose der Fall ist, kosmisch-metaphysischer, sondern »geschichtlicher« Art. Was da von Gott ausgeht, ist nicht nur sein »Licht«, seine schöpferische Macht, sondern der gesendete Sohn, der in die Geschichte eintritt, indem er Mensch wird. Und was zurückkehrt, ist nicht die Fülle des Seins, die im Eros der Schöpfung zum Schöpfer aufsteigt, sondern es sind die erlösten Menschen; Personen, die glaubend und liebend den Weg zurückgehen, den der Erlöser gekommen ist. Ihnen allen gilt, was Bernhard sagt:
»Nun blicke in das Angesicht, das Christus mehr als alle gleicht; denn seine Klarheit nur kann dich bereiten, daß du Christus schauest.«[29] (III 32, 85–87)
Der Erzengel aber steht vor Maria in ewiger Vergegenwärtigung jenes nicht metaphysisch-sinnhaften, sondern heilig-geschichtlichen Vorgangs, worin der Gesendete Gottes zu der Jungfrau aus Davids Geschlecht kam, und sie auf die Botschaft mit ihrem Ja antwortete.

(III 32, 85–87):
»Riguarda omai ne la faccia che a Cristo / più si somiglia, chè la sua chiarezza / sola ti può disporre a veder Cristo.«

[29] Was das Verhältnis Marias zur Rose angeht, so darf noch daran erinnert werden, daß sehr frühe Anrufungen sie nicht nur *»porta coeli«*, sondern auch *»rosa mystica«* nennen.

Dann ist da aber noch anderes.
In Dantes Schilderung erscheint Maria ganz Licht und Glut – *»meridiana face di caritade«* nennt Bernhard sie in seiner Anrufung III 33, 10. Wahrheit, Liebe und lautere Schönheit erfüllt sie. Das Letzte, was der Leser ins End-Geheimnis mitnimmt, ist ein Bild heiliger Holdseligkeit; so ist es wichtig, genau zu sehen, was diese bedeutet.
Nicht die autonome Schönheit, worin der Schauende die ästhetische Lösung von Willen und Wirklichkeit und damit von seiner personalen Verantwortung erfährt. Auch nicht die erotische Schönheit; also etwa die Minne der Troubadours in ihrer ewigen Idee. Dantes Schönheit setzt den Begriff der mittelalterlichen Philosophie voraus, wonach sie der Glanz der offenbar werdenden Wahrheit ist; das Zeichen des vollbrachten Guten; der Vollendungscharakter der Wirklichkeit. Sie setzt also Erkenntnis und Tat, Überwindung und Reife voraus. Sie steht am Ende, nachdem alles erfüllt worden – ohne daß sie einfachhin errungen werden könnte; vielmehr muß die Huld hinzukommen, das Blühen muß gewährt, das Geraten geschenkt werden. Schönheit ist gewiß nicht nur ein Anhang zum Wahren und Guten; sie hat einen eigenen Sinn und oft unbegreifliche, manchmal furchtbare Selbständigkeit; dennoch steht sie in einer Ordnung, und die besagt, daß die Wahrheit im Dasein aufgeleuchtet, das Gute waltend geworden, die Schwere überwunden, das Sein in reine Freiheit getreten sein muß, wenn Schönheit sinnvoll und fruchtbar sein soll. Sie bedeutet also nicht, wie die neuzeitliche Ästhetik zutiefst will, die Ablösung von der Wirklichkeit, sondern deren Blüte und Siegel.
Dieser Begriff dient aber einem höheren, denn hier handelt es sich um heilige, um himmlische Schönheit. Die setzt alles voraus, was Wahrheit der Offenbarung; Liebe des erlösenden Gottes; Gehorsam des glaubenden Menschen; Treue, Zucht, Übung, Opfer, Kühnheit des christlichen Willens; Reife und Mündigwerdung der Person bedeuten.

Daß am Ende der Göttlichen Komödie die Schönheit erscheint, wird durch den ganzen Gang der Dichtung hin in der Gestalt Beatrices vorbereitet. Was der »Faust« nur behauptet, ist sie wirklich: das »Ewig-Weibliche«, das »hinanzieht« – doch nein, nicht »das Weibliche«, sondern die lebendige Frau, die Dante geliebt hat und die zur Rettung ihres Freundes – I 2, 61 nennt sie ihn selbst so: *»l'amico mio«* – gesendet wird. Diese Rettung vollbringt sie aber nicht durch Leistung, sondern durch ihr Sein. Beatrices Macht ist das Stärkste in der ganzen Dichtung; sie liegt aber ganz in dem, was sie ist: Schönheit – die jedoch, noch einmal gesagt, alles voraussetzt, was christliche Erkenntnis und Liebe, Überwindung und Reife bedeuten. Das, worin sich ihr *»atto«,* ihre Wesensmacht sammelt, und wodurch sie den Aufstieg und die Entrückung wirkt, ist ihr Lächeln. Das Zarteste hat die größte Kraft. Das alles führt zu Maria hin … Ebenso die Rose. Sie, in welcher sich das Letzte der Welt offenbart, ist reine Schönheit: bloßes Blühen und Duften. Sie gehört zum Lächeln Beatrices … Die Huld aber, die im Werden all dieser Schönheit waltet, ist nicht jene, aus welcher jede reine Form hervorgeht, sondern die freie Bewegung der Liebe Gottes, die Gnade. »Gnade« meint, was weder erzwungen noch verdient werden kann; weder in der Reichweite der Macht noch des Rechtes liegt. Was überhaupt nicht zur Welt gehört, und in dessen Kraft doch das Eigenste und Reichste der Welt erst aufblüht: daß aus Gottes Freiheit heraus seine Liebe hertritt und den Menschen in seine Gemeinschaft ruft. Gnade, *charis,* meint aber zugleich Lieblichkeit. Auch für das christliche Bewußtsein steht am Ende alles Sagbaren eine Ahnung reinen, freien, von allen Zwecken gelösten, blühenden Daseins. Das offenbart sich im »Kindtum«, von dem Jesus redet, und in der »Braut«, von welcher der Schluß der Apokalypse spricht – doch auch hier wollen wir nicht vergessen, daß hinter dem »Kinde« die Überwindung des mündig gewordenen Christen steht, nur möglich, weil Gottes Sohn in den Tod gegangen ist; und die »Braut« die Verwandlung jener Gestalt darstellt, welche den strengsten Ausdruck wirklichkeitsgerechten, geordneten, von Weisheit und Gesetz beherrschten und jederzeit zum Kampf bereiten Daseins meint, nämlich der »Stadt«.

Die triumphierende Schönheitsmacht der Gnade drückt sich in dem holden Lichtwunder der Rose aus, das doch auf allem Ernst der Geschichte ruht; im Lächeln Beatrices, das den ganzen Willen Dantes anruft; in der seligen Schönheit der Himmelskönigin, welche aber durch ihr Ja die christliche Geschichte entschieden und unter dem Kreuze gestanden hat, bis daß »alles vollendet war«.

Dante ist nicht »Dichter« in unserem Sinne, sondern Weltbaumeister. Sein eigentlicher Wille geht nicht darauf, ein Gefühl auszusprechen, oder ein Bild zu schaffen, sondern eine Ordnung aufzubauen, in welcher Welt und Menschendasein so sind, wie sie vor Gott sein sollen. Das Pathos dieses Willens offenbart sich in den großen Versen des ersten Paradiesgesanges, wo Beatrice sagt:

»Die Dinge allesamt stehen in Ordnung zueinander, und diese ist die Form, welche das All Gott ähnlich macht. Es sehn in ihr die hohen Kreaturen die Spur der höchsten Macht; die aber ist das Ziel, auf welches das Gesetz, von dem die Rede, hingefügt ist. Dieser Ordnung neigen sich alle Dinge ein, jedes nach seiner Art, mehr oder minder seinem Ursprung nah. Und so bewegen sie sich hin durchs große Meer des Seins, verschiednen Häfen zu; ein jedes mit dem Trieb, der ihm gegeben ward und der es führt.« (III 1, 103–114)

In Dantes Werk geht es um das gleiche Ungeheure, wie in den Domen der mittelalterlichen Architekten und den Summen der

---

(III 1, 103–114):
»Le cose tutte quante / hanno ordine tra loro; e questo è forma / che l'universo a Dio fa simigliante.
Qui veggion l'alte creature l'orma / de l'etterno valore, il qual è fine / al quale è fatta la toccata norma.
Ne l'ordine ch'io dico sono accline / tutte nature, per diverse sorti, / più al principio loro e men vicine;
onde si muovono a diversi porti / per lo gran mar de l'essere, e ciascuna / con istinto a lei dato che la porti.«

scholastischen Denker: Die Gestalt zu bauen, worin die Fülle des Daseins zur Einheit gelangt. Die Ordnung zu finden, worin jedes Ding seinen Platz hat. Heilige Herrschaft aufzurichten, in welcher alles Sein auf dem Sinn ruht, alle Macht auf dem Recht, und alles Gehorchen in die Freiheit führt. Hierarchie, die nach der Definition des heiligen Bonaventura bedeutet, daß jedes Einzelne seinen Sinn in sich trage, aber zugleich für die anderen da sei: jedes auf dem Vorhergehenden ruhe und das Folgende begründe; sich selbst ausdrücke, aber zugleich das Ganze gegenwärtig bringe. Das hat Dante bis zu einem unbegreiflich hohen Maße gestaltet. Und zwar aus einer Pflicht gegen die Welt selbst. Vielleicht dürfen wir sagen, daß er einer der ersten schaffenden christlichen Laien ist – Jener also, welche die Sorge um die Welt als christlichen Auftrag empfinden. Gewiß um das Heil der Welt in Gott; aber so, daß die Verwirklichung dieses Heils sich durch die Anstrengung vollzieht, die Welt in ihrem Sein und in ihrer Ordnung richtig zu machen.
Aus diesem Ernst kommt Dantes Unternehmen. Er will eine Welt aufbauen, die vor Gott richtig; Menschendasein, das von der rechten Ordnung der Werte getragen ist. Daheraus gewinnt die Tatsache, daß dieses Ganze in den Werten des Nicht-Nutzhaften, des Edlen, der reinen Freiheit gipfelt, erst seine ganze Herrlichkeit – eben das ist es aber, was sich im Primat der Schönheit ausdrückt. Gewiß hat auch der *»dolce stil nuovo«* diesen Primat aufgestellt, doch bei Dante geschieht es aus einer Weltverantwortung, die über alles das, was die Troubadours zu verstehen und zu wollen fähig waren, hinausgeht. Daß sich aus einer unerhörten Zucht des Gedankens und einer langen, schweren Arbeit aller schaffenden Kräfte; aus tiefster Beteiligung am Gang der Geschichte und leidenschaftlicher Sorge für die rechte Ordnung der Welt; aus einem Maß von Leiden und Überwindung, wie es sich im Antlitz Dantes und in jedem Gesang seiner Dichtung offenbart, ein Weltbild erhebt, welches sein letztes Wort in der Schönheit spricht – das drückt sich in Beatrice, in der Rose und vor allem in den Gestalten Marias und des Erzengels aus.

XII. Der Schluß der Göttlichen Komödie

Unsere Untersuchung findet im engeren Thema selbst keinen Anlaß weiterzugehen. Der letzte Gesang des Paradiso spricht von keinem Engel mehr. Was fortan geschieht, ist über dem Engel, wie es über Maria ist. Es handelt sich aber um den Schluß der *Divina Commedia,* vor dem jede Deutung sich rechtfertigen muß. Der Schluß des »Faust« – wir sprechen von ihm, weil eine sonderbare Gewohnheit immer wieder die beiden Dichtungen zusammenrückt – könnte, vom Ganzen her gesehen, auch anders sein oder ganz fehlen. Der Schluß der *Divina Commedia* ist schlechthin wesentlich, und alles über sie Gesagte wird falsch, wenn es ihm widerspricht.

Er ist *»finis«* in dem strengen und großartigen Sinne, den das Wort für das mittelalterliche Denken hat. *Finis* bedeutet »Ziel«, von der schöpferischen Instanz dem betreffenden Seienden derart als bestimmend gesetzt, daß alles darauf zugeht und sich darin erfüllt. Seiendes kann nur dadurch sein, daß es an jeder Stelle auf sein Wesensziel hingeordnet ist. Darauf ruht sein Bau; danach vollziehen sich seine Bewegungen und Entwicklungen ... Und *finis* bedeutet »Ende«. Wiederum nicht von außen her zu-fallend, sondern aus der inneren Bewegung heraus bedingt. Ende ist Grenze und insofern Form. Darin verbinden sich die Begriffe des Abschlusses und des Ziels. Im rechten Ende voll-endet sich das Seiende. Nun ist kein Grund mehr, zu streben und zu werden, sondern Zeit, zu sein. Wie das Ende des Menschen mit dem Sterben zusammenhängt; warum es den Tod statt des Überschrittes in das reine Dasein bringt, bildet eine Frage für sich.

Vom letzten Ende sagt Dante selbst:

Und ich, der mich dem Ziel und End' alles Verlangens nahte – so wie es meine Pflicht gebot, bracht' ich der Sehnsucht Glut in mir zu ihrer letzten Schärfe. (III 33, 46–48)

Die Worte sind von einer nicht zu steigernden Klarheit. Nach ungeheurem Aufstieg fühlt Dante sich dem *»fine di tutti i disii«* nahe; so faßt er alle Kraft zu einer »letzten und vollendeten« Anstrengung zusammen: *»l'ardor del desiderio in me finii«*. *»Fine«* wird Akt ... Was geschieht an diesem Ende der Dichtung, das zugleich das volle und wesenhafte Ende des inneren Geschehens ist, welches sie darstellt?

Mit jenem »heiligen Gebet«, das den dreiunddreißigsten Gesang beginnt, wendet Bernhard von Clairvaux sich an Maria. Wir wollen wenigstens seine ersten Verse folgen lassen:

»O Jungfrau, Mutter, Tochter Deines Sohnes, demütig und erhaben mehr als irgendein Geschöpf; sichere Auserwählung ew'gen Rates! Du bist die, so die menschliche Natur also geadelt, daß einst ihr Bildner nicht verschmäht hat, Dein Gebild zu werden.

In Deinem Schoß entzündet' sich die Liebe, durch deren Glut [allhier] im ew'gen Frieden sich diese Blum' [so hold] erschlossen hat. Hier bist Du uns mittäglich-glühnde Liebesleuchte; und drunten, unter denen, welche sterben müssen, bist Du lebend'ger Hoffnung Brunn.«[30] (III 33, 1–12)

(III 33, 46–48):
E io ch'al fine di tutt'i disii / appropinquava, sì com'io dovea, / l'ardor del desiderio in me finii.

(III 33, 1–12):
»Vergine madre, figlia del tuo figlio, / umile e alta più che creatura, / termine fisso d'etterno consiglio,
tu se' colei che l'umana natura / nobilitasti sì, che'l suo fattore / non disdegnò di farsi sua fattura.
Nel ventre tuo si raccese l'amore / per lo cui caldo ne l'etterna pace, / così è germinato questo fiore.
Qui se' a noi meridiana face / di caritade, e giuso, intra i mortali, / se' di speranza fontana vivace ...«

30 Warum das Gebet zu Maria an dieser Stelle steht, kurz vor dem »Ende«; das Vaterunser hingegen im untersten Kreise des *Purgatorio,* also am Beginn der guten Ewigkeit, wo das Streben der Reinigung einsetzt – darüber wäre viel zu sagen. Jedenfalls ist das Vaterunser Grundlage, das Marien-Gebet Blüte. Jenes Schöpfung und Erlösung, dieses die Seligkeit der Heimholung. Damit ist der Primat der Schönheit wieder da – einer von Gott selbst kommenden Schönheit; denn die Holdseligkeit Marias stammt ja in keinem Sinne aus der Welt, sondern ist das Werk und die Freude des Vaters.

Nachdem Bernhard geendet, heißt es weiter:
Die Augen, die Gott liebt und hoch in Ehren hält, fest auf den Sprechenden gerichtet, taten mir kund, wie wohlgefällig ihr die frommen Bitten sind.
Darauf hoben sie sich zum ew'gen Licht, und glauben muß man, daß kein anderes Geschöpf ein also klares Auge auf es richtet. (III 33, 40–45)
Das Ziel leuchtet auf: Das ewige Licht selbst, Gott, über allen Gestalten. Dante fühlt das Nahen der letzten Erfüllung, und es folgen die bereits angeführten Verse:
Und ich, der mich dem Ziel und End' alles Verlangens nahte – so wie es meine Pflicht gebot, bracht' ich der Sehnsucht Glut in mir zu ihrer letzten Schärfe. (III 33, 46–48)
So wendet er den Blick »nach oben«, und es geschieht, was im Fortgang der Göttlichen Komödie immer wiederkehrt: daß der Blick vom Gegenstande her begründet wird. Nicht der Blick ist es, der den Gegenstand bestimmt oder gar erzeugt, sondern sehen zu können bildet die Antwort darauf, daß ein Zu-Sehendes da ist. Das Zu-Sehende schenkt das Sehen-Können. Hier offenbart sich der Gegenstand schlechthin – und haben wir keine Scheu, von Gott als vom »Gegenstande« zu sprechen; es ist sauberer und ehrfürchtiger, als wenn wir höhere Kategorien gebrauchten, die aber dann jene Wahrheit verschleiern, in deren Härte das Heil liegt: daß Gott besteht ohne uns; daß wir ihn sehen, weil er ist und gibt, daß wir ihn sehen können. Jener in der Göttlichen Komödie immer wiederkehrende Sachverhalt faßt sich jetzt in seine letzte Eigentlichkeit zusammen:

(III 33, 40–45):
Li occhi da Dio diletti e venerati, / fissi ne l'orator, ne dimostraro / quanto i devoti preghi le son grati;
indi a l'eterno lume si drizzaro, / nel qual non si dee creder che s'invii / per creatura l'occhio tanto chiaro.

(III 33, 46–48):
E io ch'al fine di tutt'i disii / appropinquava, sì com'io dovea, / l'ardor del desiderio in me finii.

... und meine Blickkraft, lauter werdend, drang nun tief und tiefer durch den Strahl des hohen Lichtes ein, das durch sich selber wahr ist. (III 33, 52–54)

Herrlich die Genauigkeit, mit welcher jener Sachverhalt – er ist der der Gnade – herauskommt; herrlich aber auch, wie genau gesagt wird, daß der Vorgang alle Begreifbarkeit übersteigt:

Von hier ab und fortan wurde mein Sehen größer als unser Wort, so daß dieses vor solcher Schau versagt; und es versagt auch das Gedächtnis vor so großer Macht.

Gleich wie der ist, der träumend schaut, [so klar,] daß nach dem Traume die Leidung eingeprägt verbleibt, jedoch das übrige ihm nicht mehr ins Bewußtsein kehrt – ein solcher bin ich; denn fast ganz verschwindet meine Schau; noch aber tropfet mir ins Herz die Süße, die aus ihr quoll. (III 33, 55–63)

Noch einmal und in neuer Weise wird die Urtatsache unseres Daseins ausgesprochen: daß wir nur sind, weil Gott ist; und nur erkennen, weil Er, Gott, leuchtet:

Ich glaube, an der Schärfe des lebend'gen Strahls, den ich erlitten, wäre ich vergangen, wenn meine Augen sich von ihm gewendet hätten; und mir gedenkt, daß ich, dies wissend, mut'ger standhielt, so daß ich meines Blickes Kraft mit jener Macht, die über alle Grenzen war, verband.

O überreiche Gnad', durch welche ich gewagt, den Blick hineinzusenken in das ew'ge Licht, so weit, daß ich die ganze Augenkraft darin erschöpfte! (III 33, 76–84)

(III 33, 52–54):
... chè la mia vista, venendo sincera, / e più e più intrava per lo raggio / de l'alta luce che da sè è vera.

(III 33, 55–63):
Da quinci innanzi il mio veder fu maggio / che'l parlar nostro, ch'a tal vista cede, / e cede la memoria a tanto oltraggio.
Qual è colui che somniando vede, / che dopo il sogno la passione impressa / rimane, e l'altro a la mente non riede,
cotal son io, chè quasi tutta cessa / mia visione, ed ancor mi distilla / nel core il dolce che nacque da essa.

Man kann nicht denken, wie aus klarerem Erleben und mit mächtigeren Worten das Mysterium der Gnade ausgesprochen werden sollte. Es ist ganz auf das Sehen, auf das Auge ausgerichtet – wie denn die ganze Dichtung Schau ist, und man ihr inneres Geschehen so wiedergeben könnte, daß man zeigte, was sich mit Dantes Auge zuträgt. Hier findet die Geschichte dieses Auges ihr absolutes Ziel und Ende, durch jedes Ereignis der langen Wanderung vorbereitet.

Die unendlich einfache Einheit des ewigen Lichtes enthält die Wurzel aller Dinge und ihrer Vielfalt:

Ich sah, wie sich in seiner Tiefe, durch Liebe in ein einzig Buch gebunden, vereint, was durch das Weltall aufgeblättert liegt: Wesen und Eigenschaften und all ihr Gehaben, als wie in eins geschmolzen, solcherart, daß alles, was ich sage, ein schwacher Abglanz ist. (III 33, 84–90)

Zugleich offenbart sich in der Einheit des Gottesseins die Dreiheit der heiligsten Personen:

In jenes hohen Lichts tiefer und klarer Wesenheit zeigten sich mir drei Kreise, von dreien Farben, aber gleicher Reichkraft. Und einer schien vom anderen gespiegelt, wie Regenbogen wird von Regenbogen; und Feuer schien der dritte, das aus diesem und aus jenem in gleicher Weise wehte. (III 33, 115–120)

(III 33, 76–84):
Io credo, per l'acume ch'io soffersi / del vivo raggio, ch'i' sarei smarrito, / se li occhi miei da lui fossero aversi.
E' mi ricorda ch'io fui più ardito, / per questo a sostener, tanto ch'i' giunsi / l'aspetto mio col valore infinito.
Oh abbondante grazia, ond'io presunsi / ficcar lo viso per la luce etterna, / tanto che la veduta vi consunsi!

(III 33, 84–90):
Nel suo profondo vidi che s'interna, / legato con amore in un volume, / ciò che per l'universo si squaderna;
sustanze e accidenti e lor costume / quasi conflati insieme, per tal modo / che ciò chi'i'dico è un semplice lume.

(III 33, 115–120):
Ne la profonda e chiara sussistenza / de l'alto lume parvermi tre giri / di tre colori e d'una contenenza;

Hier könnte alles zu Ende sein, denn Gott hat sich geoffenbart. In dem strengen, fast abstrakten Stil, mit welchem Dante gewisse Visionsformen der Apokalypse fortsetzt – auch darüber soll einmal genauere Rechenschaft gegeben werden – tut sich das Geheimnis des Lebens und der Existenz Gottes kund: sein Wesen und seine Personalität; was er ist und Wer; der Eine und Dreifaltige. Bleibt darüber hinaus noch etwas zu fragen?
Nicht für den bloßen Metaphysiker oder Ekstatiker der Gottesschau. Ein Neuplatoniker wäre am Ende – doch so ist es nicht richtig gesagt: schon diese Vision hätte sich ihm anders dargestellt, und aus dem Dreieinigen Gott der Schrift wäre ein letztes Mysterium des Seins und Werdens geworden. Für den Christen ist die Trinität nicht das Letzte; genauer gesagt, nicht das Definierende; nicht, was die Erlösung besiegelt und den Hörenden vor die endgültige Entscheidung von Glaube und Unglaube stellt. Niemals kann nachdrücklich genug darauf hingewiesen werden, daß Dante, der Christ, nicht bei der Trinität stehenbleibt. Jenes »Ziel und Ende«, wonach »das große Verlangen« geht, das die ganze Göttliche Komödie erfüllt, und alles, was platonischer Eros heißen könnte, in sich aufgesogen und umgewandelt hat, liegt nicht in der heiligsten Dreieinigkeit als solcher und für sich.

So heißt es weiter:
O ew'ges Licht, das Du allein Dich selbst durchwohnst, allein Dich selbst verstehst, und, von Dir selbst erkannt und Dich verstehend, Dich liebst und Dir zulächelst!
Nachdem der Kreis, der wie gespiegelt Licht in Dir erzeugt schien, von meinen Augen eine Weil' durchlaufen worden, erschien sein Inneres, in seiner gleichen Farbe mit unsers Angesichtes Bild gemalt, so daß mein Blick sich ganz darein versenkte. (III 33, 124–132)

---

e l'un da l'altro, come iri da iri, / parea reflesso, e'l terzo parea foco / che quinci e quindi igualmente si spiri.

Jetzt erst erhebt sich das Letzte: Das Menschenangesicht im zweiten Kreis. Darauf sammelt sich, von der Allgewalt der Wahrheit gezwungen, das Fragen und Erwarten:
So wie der Geometer alle Kräfte spannt, den Kreis zu messen, mit seinem Denken aber das Prinzip nicht findet, das er braucht – also war ich vor jener neuen Schau: Sehn wollte ich, in welcher Art das Angesicht dem Kreis geeint war, und die Weise, wie 's in ihm stand. (III 33, 133–138)
Daran hängt alles: Zu begreifen, wie in dem ewigen Kreis das Bild des vergänglichen Menschenangesichtes stehe. Zu begreifen, wie sein könne, was nicht ableitbare Notwendigkeit, sondern in Freiheit gewolltes und vollzogenes *»factum«,* Getanes, Geschichte ist: die Menschwerdung Gottes. Zu begreifen, wie innerlich sei, was – siehe das kühle, aber so heftige Bild vom unlösbaren Problem – alle Denkbarkeit übersteigt: das Sein des Christus. In diese höchste, aus sich selbst nicht lösbare Spannung, in diese absolute Unmöglichkeit von unten her fällt die Antwort:
Allein für solchen Flug waren die eignen Flügel nicht gemäß. Doch ward mein Geist von einem Blitz getroffen, in dem ihm seiner Sehnsucht Stillung kam. (III 33, 139–141)

(III 33, 124–132):
»O luce eterna che sola in te sidi, / sola t'intendi, e da te intelletta / e intendente te ami e arridi!
Quella circulazion, che sì concetta / pareva in te come lume reflesso, / da li occhi miei alquanto circunspetta,
dentro da sè, del suo colore stesso, / mi parve pinta de la nostra effige; / per che'l mio viso in lei tutto era messo.«

(III 33, 133–138):
Qual è'l geometra che tutto s'affige / per misurar lo cerchio, e non ritrova, / pensando, quel principio ond'elli indige,
tal era io a quella vista nova: / veder volea come si convenne / l'imago al cerchio e come vi s'indova …

(III 33, 139–141):
… ma non eran di ciò le proprie penne: / se non che la mia mente fu percossa / da un fulgore in che sua voglia venne.

So die Erfüllung. In der Form absoluter Gnade; ohne Wort, ohne Bild, ohne Vermittelung; einsam über aller Welt und menschlichen Möglichkeit.

Ziel und Ende; Grenze und Verwirklichung. *»Finis«,* in einer Erlebtheit und Wucht, wie in keiner anderen Dichtung. Von hierher wird alles Voraufgehende bestimmt. Von diesem Ereignis am Ende der Göttlichen Komödie – nach den Versen, die von ihm berichten, folgen nur noch vier, und sie sind wie eine unendliche Lösung; wie die Entlassung des tödlich emporgespannten Daseins zur Freiheit befriedeten Schwingens in einem All, das seines Heils versichert worden ist – von diesem Ereignis wird jeder Schritt der langen Wanderung gezogen, und jedes Geschehnis bereitet auf es vor. Das Ganze aber ist ein solches Zeugnis für Dantes Christsein, daß schon die geheimnisvolle Fähigkeit des neuzeitlichen Geistes, Unwahrheit zu ertragen, dazu gehört, um sein Werk anders zu verstehen.

Innerhalb einer Denkweise, für welche außer Frage steht, daß Gott die Heiligkeit und Wahrheit schlechthin und der letzte Sinn des menschlichen Daseins ist, von irgendwelcher Relativierung also keine Rede sein kann – wird die Welt entschieden endlich genannt und zugleich ewig aufrechterhalten.[31] Das menschliche Dasein ist begrenzt und vergänglich: es bleibt aber in Gottes Ewigkeit wirklich und empfängt dort seinen letzten Sinn.

Der Metaphysiker bezieht das endliche Sein auf »das Absolute« und löst darin seinen Sinn auf, oder aber er macht den Sprung ins Gegenteil, nimmt die Endlichkeit allein und wirft die Wucht des Absoluten in deren tragische Intensität. Der neuplatonische Ekstatiker läßt alle irdische Gestalt als unwesentlich vor dem ewigen Einen sinken, oder er wird zum Dionysiker und sieht das Eigentliche in der kurzen Kulmination des absolut vergänglichen Lebens. Der Christ hingegen sagt – und

[31] Siehe dazu die bereits genannte Arbeit: Seinsordnung und Aufstiegsbewegung in Dantes Göttlicher Komödie, S. 261 ff. – E. Auerbach, Dante als Dichter der irdischen Welt, 1929, S. 18 ff.; 79 f. u. ö.

nicht als eine Struktur neben dem genannten, denn vom Strukturellen her kann er zu ihnen gehören; sondern aus dem Zentrum seines Glaubensbewußtseins, das von der Offenbarung bestimmt wird – der Christ sagt: Gott wirkt das Heil; aber nicht durch überall geschehende Manifestation und unendlichen Prozeß, sondern in unterschiedener und Entscheidung fordernder Tat. Im »Zeichen, dem widersprochen wird«: der Geburt des ewigen Sohnes Gottes als Mensch; in jenem Jahr, in jenem Lande, in jener bestimmten geschichtlichen Situation. Entsprechendes gilt vom einzelnen Menschen: er vergeht; aber was er in der vergehenden Zeit tut, gilt für die Ewigkeit. Ihn richtend gibt ihm Gott aus seinem zeitlichen Tun ewiges Schicksal, und der Bewährte lebt, heilig und selig, mit seinem konkreten Sein in Gott. Die Welt ist endlich und vergänglich, aber von Gott in Sinn und Wirklichkeit gestellt. Am sündigenden Menschen erfährt sie Untergang; am erlösten und vollendeten Menschen aber Erneuerung, und in Gott heimgeholt, besteht sie ewig, als neuer Himmel und neue Erde.

So deutet der Christ das Dasein – wissend, daß er es nur im Licht der Offenbarung kann. Sobald er dieses Licht verläßt, zerrinnt die Deutung, und ist doch die einzige, welche die Wirklichkeit des Daseins in den Blick bekommt.

Von alledem bildet die Vision des Menschenangesichtes im zweiten der drei Kreise die Gewähr. Aber damit wir nur ja jeden Symbolismus fernhalten: Jenes Antlitz, das Dante aufleuchtet, ist nicht »das Menschenangesicht« einfachhin, sondern das Antlitz Christi. Und nicht das »des ewigen Christus« im Sinne irgendwelcher Mythik der absolut werdenden Menschlichkeit oder der ins Menschliche müssenden Göttlichkeit, sondern Jesus von Nazareth; in Bethlehem geboren; auf Golgatha unter Pontius Pilatus gestorben, aus dem Grabe auferstanden und vom Ölberg aus in den Himmel gegangen. Diese christliche Geschichtlichkeit – in deren Aufrechterhaltung wir, als Sorge für die Welt, auch das große Anliegen des christlichen Laien erkennen – drückt sich in der Göttlichen Komödie aus.

Die Welt Dantes ist nicht unendlich, sondern scharf umgrenzt; hat aber ebendarin Ewigkeitsbedeutung.
Überall sind Maße. Maß aber ist mehr als Endlosigkeit; es zieht Kontur, setzt Gestalt und Charakter ... Dantes Wanderung ist Geschichte. Sie geht von einem bestimmten Augenblick in seinem Leben aus. Dann führt sie ins Übergeschichtlich-Ewige, nimmt aber jenes Leben mit, und dessen Entscheidungen bilden die Grundlage auch des höchsten Erfahrens ... Die Bewegung kommt von der Erde und übersteigt Raum wie Zeit. Vor dem letzten Überschritt aber sagt Jene, aus deren Munde die endgültigen Deutungen kommen: »Blick dich um«, und Dante nimmt den Ausgang in Auge und Herz. So bleibt die Bewegung Wanderung, von Ausgang zu Ziel ... Beatrice selbst ist keine Allegorie. Sie drückt für Dante den Inbegriff alles Sinnes aus: Weisheit, Macht, Liebe, Schönheit – bleibt aber konkret. Im äußersten Augenblick, bevor ihr Lächeln ihn ins Empyreum mitnimmt, geht Dantes Erinnerung zur Stunde ihrer ersten Begegnung zurück, damals in Florenz, als sie acht Jahre alt war und er neun: Jenes Kind, und die Frau, von welcher die *»Vita Nuova«* spricht, und die Liebende des Himmels in der *»mirabile visione«* des letzten Werkes sind die gleiche, und ebendarin, daß das so ist, liegt das genaue Wesen Beatrices. Auch hierin ist Geschichte festgestellt und besiegelt ... Überall im Fortgang der Göttlichen Komödie begegnen Gestalten. Alle aber sind von der Erde gekommen und sprechen von ihr. Niemals versinken sie ins Über-Eine. Die Unendlichkeit des jetzigen Lebensinhaltes hat seine Entscheidungswurzeln in der kurzen Spanne des Daseins und auf jener kleinen Erde, die der Wanderer der Himmel so weit unten liegen sieht.
Diese ewigkeitentscheidende Endlichkeit ist durch das in den zweiten Gotteskreis eingeschriebene Menschenangesicht gewährleistet.
Aus alledem kommt auch das letzte Wort über die Engel.
In der Vorstellung eines bloßen Dichters wären sie zu lyrischen Gestalten geworden. Ein bloßer Metaphysiker hätte sie »gei-

stig« gefaßt, als Personifikationen ewiger Prinzipien und höchster Ideen. Ein Symbolist hätte in ihnen Bilder gesehen, welche Sinngehalte des Daseins, Geborgenheitsbeziehungen, Tatsachen der Schwelle und Pforte, Formen der Hoheit ausdrücken. Ein Mythiker endlich hätte höhere Weltwesen, in irgendeinem Sinne »Götter« aus ihnen gemacht. Für Dante sind die Engel jene Wesen, von denen die Schrift redet, und die im Leben der Kirche stehen. Wohl holt er, um ihre Größe aufzuschließen, jene metaphysischen, lyrischen, symbolischen Momente herein; auch hier tritt das christliche Denken die »Erbschaft der Heiden« an und nimmt, was zu Gottes Welt gehört, für die Deutung von Gottes Wort in Anspruch. Niemals aber löst der Sinn die Wirklichkeit auf. Auch die Engel sind »Geschichte«, in dem letzten Verstande, daß sie dem Heilswalten Gottes dienen, welches die Schöpfung, die Erlösung, das Werden des neuen Himmels und der neuen Erde wirkt.